Amor:
Cumprimento da Lei

Amor:
Cumprimento da Lei

Dr. Jaerock Lee

Amor: Cumprimento da Lei pelo Dr. Lee Jaerock
Publicado por Urim Livros (Representante: Johnny H. kim)
73, Yeouidaebang-ro 22-gil, Dongjak-gu, Seul, Coreia
www.urimbooks.com

Todos os direitos reservados. Este livro ou parte dele não podem ser reproduzidos em qualquer forma, armazenados em um sistema de recuperação ou transmitidos de quaisquer formas ou por qualquer meio, eletrônico, mecânico, fotocópia, gravação ou outro, sem prévia permissão por escrito da editora.

A menos que seja mencionado, todas as citações bíblicas são tiradas da Bíblia Sagrada, Almeida Atualizada, ®, Copyright © 1960, 1962, 1963, 1968, 1971, 1972, 1973, 1975, 1977, 1995 pela Fundação Lockman. Usado com permissão.

Copyright © 2015, pelo Dr. Lee Jaerock
ISBN: 979-11-263-0787-6 03230
Direitos de tradução © 2013 pelo Dr. Esther K. Chung. Usado com permissão.

Primeira publicação agosto 2021

Publicado anteriormente em coreano em 2009 por Urim Books em Seoul, Coréia

Editado por Dr. Geumsun Vin
Projeto por Bureau Editorial de Urim Books
Impresso por Yewon Printing Company
Para mais informações contate: urimbook@hotmail.com

*"O amor não faz mal ao próximo
De sorte que o cumprimento da lei é o amor."*

Romanos 13:10

Prefácio

Na esperança de que os leitores alcancem a Nova Jerusalém através do amor espiritual.

Uma empresa de propaganda no Reino Unido deu um questionário para o público perguntando qual era a maneira mais rápida de viajar de Edimburgo, na Escócia para Londres, Inglaterra. Eles iriam presentear com uma grande recompensa a pessoa cuja resposta fosse escolhida. A resposta que foi na verdade escolhida foi 'viajar com a pessoa amada.' Entendemos que, se viajarmos com a companhia de nossos entes queridos, mesmo uma longa distância parecerá curta. Da mesma forma, se amamos a Deus, não é difícil para nós, colocarmos sua palavra em prática (1 João 5:3). Deus não nos deu a lei e não nos disse para guardarmos seus mandamentos, a fim de nos dar um jugo pesado.

A palavra 'lei' vem da palavra hebraica 'Torah', que tem o significado de 'estatutos', e 'lição'. A Torah normalmente se refere ao Pentateuco, que inclui os dez mandamentos. Mas, a "lei" também se refere aos 66 livros da Bíblia como um todo, ou apenas os estatutos de Deus nos dizendo o que fazer, não fazer, guardar, ou não guardar certas coisas. As pessoas podem apenas pensar que a lei e o amor não estão relacionados um com o outro, mas esses não podem ser separados. O amor pertence a Deus, e sem amar a Deus não podemos guardar a lei por completo. A lei pode ser cumprida somente quando a praticamos com amor.

Há uma história que nos mostra o poder do amor. Um jovem caiu enquanto estava voando por um deserto em um pequeno avião. Seu pai era um homem muito rico, e contratou uma equipe de busca e resgate para encontrar seu filho, mas foi em vão. Então, ele espalhou milhões de panfletos no deserto. Ele escreveu no folheto 'Filho, eu te amo'. O filho, que estava vagando no deserto, encontrou um desses e se encheu de coragem que o permitiu ser resgatado eventualmente. O verdadeiro amor do pai salvou o filho. Assim como o pai espalhou os panfletos por todo o deserto, nós também temos o dever de espalhar o amor de Deus para inúmeras almas.

Deus provou o seu amor enviando seu único filho unigênito

Jesus à terra para salvar os pecadores da humanidade. Mas os legalistas na época de Jesus só focavam nas formalidades da lei e não entenderam o verdadeiro amor de Deus. Eventualmente, condenaram o filho unigênito de Deus, Jesus, como um blasfemador que abolia a lei e o crucificaram. Eles não entenderam o amor de Deus inserido na lei.

Em 1 Coríntios capítulo 13 é bem retratado o exemplo de 'amor espiritual'. Ele nos fala sobre o amor de Deus, que enviou o Seu único filho unigênito para nos salvar, pois estávamos destinados a morrer devido ao pecado, e o amor do Senhor, que nos amou a ponto de abandonar toda a sua glória celestial e morrer na cruz. Se nós também queremos divulgar o amor de Deus para as inúmeras almas que morrem em todo o mundo, temos que entender esse amor espiritual e praticá-lo.

"Um novo mandamento vos dou: Que vos ameis uns aos outros; como eu vos amei a vós, que também vós uns aos outros vos ameis. Nisto todos conhecerão que sois meus discípulos, se vos amardes uns aos outros" (João 13:34-35).

Então este livro foi publicado para que os leitores possam verificar em qual medida têm cultivado o amor espiritual e em qual medida mudaram-se a si mesmos na verdade. Eu agradeço a Geumsun Vin, diretor do departamento editorial bureau e aos funcionários, creio que todos os leitores irão cumprir a lei com amor e no final alcançar a Nova Jerusalém, a mais bela das moradas celestiais.

Jaerock Lee

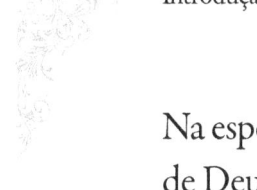

Introdução

Na esperança de que por meio da verdade de Deus, os leitores serão transformados pelo cultivo do amor perfeito.

Um canal de TV realizou uma pesquisa de questionário com mulheres casadas. A questão era se elas queriam ou não, se casar com o mesmo marido, se pudessem escolher novamente. O resultado foi chocante, apenas 4% das mulheres queriam escolher o mesmo marido. Elas deviam ter se casado com seus maridos porque os amavam, e por que mudaram de ideia como fizeram? É porque elas não amaram com o amor espiritual. Essa obra Amor: cumprimento da lei estará nos ensinando sobre o amor espiritual.

Na Parte 1 "Importância do Amor", ele demonstra as várias formas de amor que são encontradas entre marido e mulher, pais e filhos e entre amigos e vizinhos, dando-nos assim uma ideia da diferença entre amor carnal e amor espiritual. O amor espiritual é amar a outra pessoa com o coração imutável não desejar nada em troca. Já pelo contrário, o amor carnal muda em diferentes situações e circunstâncias, e por este motivo o amor espiritual é precioso e lindo.

Parte 2 "O amor como no capítulo do amor", classifica 1 Coríntios 13 em três partes. A primeira parte, "O tipo de amor que Deus deseja" (1 Coríntios 13:1-3), é a introdução do capítulo, que coloca ênfase na importância do amor espiritual. A segunda parte, "Características do Amor" (1 Coríntios 13:4-7), é a parte principal do capítulo do amor, e nos fala sobre as 15 características do amor espiritual. A terceira parte, "Amor Perfeito", é a conclusão do capítulo do amor, que nos fala que a fé e a esperança são necessidades temporárias enquanto estamos marchando em direção ao reino dos céus durante nossas vidas nesta terra, enquanto que o amor dura para sempre, mesmo no reino dos céus.

Parte 3: "O amor é o cumprimento da Lei", explica o que precisamos para cumprir a lei com amor. Ele também fala do amor de Deus, que nos cultiva, seres humanos nesta terra e do amor de Cristo que abriu o caminho para nossa salvação.

O 'capítulo do amor' é apenas um capítulo entre 1189 capítulos da Bíblia. Mas é como um mapa do tesouro que nos mostra onde encontrar grandes quantidades de tesouros, pois ela nos ensina o caminho para a Nova Jerusalém detalhadamente. Mesmo que tenhamos o mapa e saibamos o caminho, é inútil se realmente não seguirmos o caminho que é dado. Ou seja, é inútil se não praticarmos o amor espiritual.

Deus se agrada do amor espiritual, e podemos ter esse amor na medida em que ouvimos e praticamos a palavra de Deus que é a verdade. Uma vez que alcançamos o amor espiritual, recebemos o amor e as bênçãos de Deus, e entramos na Nova Jerusalém, a mais bela morada do céu. O amor é o objetivo final de Deus ter criado os homens e os cultivado. Eu oro para que todos os leitores amem a Deus em primeiro lugar e amem ao próximo como a si mesmos, para que possam obter as chaves para abrir as portas de pérola da Nova Jerusalém.

Geumsun Vin
Diretor da Bureau Editorial

Índice analítico — *Amor: Cumprimento da Lei*

Prefácio · VII

Introdução · XI

Parte 1 Importância do Amor

    Capítulo 1 Amor Espiritual · 2

    Capítulo 2 Amor Carnal · 10

Parte 2 O amor como no capítulo do amor

    Capítulo 1 O tipo de amor que Deus deseja · 24

    Capítulo 2 Características do Amor · 42

    Capítulo 3 Amor Perfeito · 160

Parte 3 O amor é o cumprimento da Lei

    Capítulo 1 O Amor de Deus · 172

    Capítulo 2 O Amor de Cristo · 184

"E se amardes aos que vos amam, que recompensa tereis?

Também os pecadores amam aos que os amam."

Lucas 6:32

Cumprimento da Lei

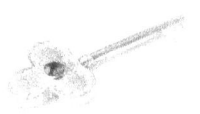

Parte 1
Importância do Amor

Capítulo 1 : Amor Espiritual

Capítulo 2 : Amor Carnal

Capítulo 1
Amor Espiritual

Amor Espiritual

Amados, amemos uns aos outros; porque o amor é de Deus; e qualquer que ama é nascido de Deus e conhece a Deus. Aquele que não ama não conhece a Deus; porque Deus é amor.
(1 João 4:7-8)

Só de ouvir a palavra 'amor' faz com que nossos corações e a nossa mente se agitem. Se amarmos alguém e compartilharmos o amor verdadeiro em nossas vidas, seria como a vida que é preenchida com o nível máximo de felicidade. Às vezes ouvimos falar de pessoas que superaram situações como a própria morte e que tiveram suas vidas transformadas de uma linda forma, através do poder do amor. O amor é uma obrigação para se ter uma vida feliz, ele tem o grande poder de mudar nossas vidas.

O Dicionário online Merriam-Webster define o amor como 'forte afeição por outro decorrente de parentescos ou laços pessoais' ou 'afeição baseada na admiração, benevolência ou interesses comuns.' Mas o tipo de amor que Deus fala é sobre o amor que esta em um nível mais alto, que é o amor espiritual. Amor espiritual procura o bem dos outros, que dá alegria, esperança e vida a eles, e isso nunca muda. Além disso, não nos beneficia apenas, durante esta vida terrena e temporária, mas leva as nossas almas para a salvação e nos dá a vida eterna.

A história de uma mulher
Que guiou seu marido para a Igreja

Havia uma mulher que foi fiel em sua vida como cristã, mas o marido não gostava que ela fosse à igreja e a fez passar por momentos difíceis. Mesmo em tais dificuldades, ela ia para a reunião de oração da manhã todos os dias e orava por seu marido. Um dia, ela foi orar no início da manhã carregando os sapatos de seu marido. Segurando os sapatos em seu peito, ela orou com lágrimas: "Deus, hoje, vieram apenas estes sapatos à igreja, mas da próxima vez, faça com que o dono destes sapatos venha à igreja, também."

Depois de algum tempo aconteceu algo incrível. O marido veio à igreja. Esta parte da história é a seguinte: Em um determinado momento, sempre que o marido estava saindo de casa para o trabalho, sentia calor em seus sapatos. E um dia, ele viu sua esposa indo para algum lugar com seus sapatos e a seguiu. Ela entrou na igreja. Ele estava chateado, mas não conseguia esconder a sua curiosidade. Ele tinha que descobrir o que ela estava fazendo na igreja com seus sapatos. Enquanto ele cuidadosamente entrava na igreja, sua esposa estava orando segurando seus sapatos firmemente ao peito. Ele ouviu a oração, e cada palavra da oração era para o seu bem-estar e bênçãos. Seu coração foi movido, e ele se sentiu tão triste pela forma como havia tratado sua esposa. Logo em seguida, o marido foi movido pelo amor de sua mulher e se tornou um cristão fervoroso.

A maioria das mulheres neste tipo de situação normalmente me pediria para orar por elas, dizendo: "Meu marido me faz passar por dificuldades só porque eu estou indo a igreja." Por favor, ore por mim para que meu marido pare de me perseguir. "Mas então eu respondia:" Santifique-se rapidamente e entre em espírito. Esse é o caminho para resolver o seu problema. "Elas irão dar mais amor espiritual a seus maridos, na medida em que lançarem fora os pecados e entrarem em espírito." Que marido faria sua esposa passar por lutas enquanto ela está se sacrificando e servindo-o de coração?

Antes, a mulher iria colocar toda a culpa em seu marido, mas agora transformada pela verdade, confessa que era ela a culpa e humilha-se. Em seguida, a luz espiritual, afasta as trevas e o marido será transformado também. Quem iria orar por outra pessoa que só esta dificultando as coisas para ele? Quem iria se sacrificar em favor dos vizinhos negligentes e doar o verdadeiro amor por eles? Os filhos de Deus que aprenderam o verdadeiro amor do Senhor podem doar esse amor a outros.

Imutável amor e amizade de Davi e Jônatas

Jônatas era filho de Saul, o primeiro rei de Israel. Quando ele viu Davi derrubar o campeão dos filisteus, Golias, com uma funda e uma pedra, sabia que Davi era um guerreiro em quem o Espírito de Deus estava. Sendo ele próprio um general do exército, o coração de Jonatas foi tomado pela coragem de Davi. Daquele momento em diante Jonatas amou Davi como a si mesmo e eles começaram a construir um vínculo muito forte de amizade. Jônatas amava tanto a Davi tanto que não poupou nada que fosse para ele.

E sucedeu que, acabando ele de falar com Saul, a alma de Jônatas se ligou com a alma de Davi; e Jônatas o amou, como à sua própria alma. E Saul naquele dia o tomou, e não lhe permitiu que voltasse para casa de seu pai. E Jônatas e Davi fizeram aliança; porque Jônatas o amava como à sua própria alma. E Jônatas se despojou da capa que trazia sobre si, e a deu a Davi, como também as suas vestes, até a sua espada, e o seu arco, e o seu cinto (1 Samuel 18:1-4).

Jonatas era o herdeiro do trono sendo o primeiro filho do rei Saul, ele poderia facilmente ter odiado Davi porque Davi era muito amado pelo povo, mas ele não tinha qualquer desejo do título de rei. Antes, quando Saul estava tentando matar Davi para manter seu trono, Jonatas arriscou a própria vida para salvar Davi. Esse amor nunca mudou até sua morte. Quando Jonatas morreu na batalha de Gilboa, Davi lamentou, chorou e jejuou até a noite.

Angustiado estou por ti, meu irmão Jônatas; quão amabilíssimo me eras! Mais maravilhoso me era o teu amor do que o amor das mulheres (2 Samuel 1:26).

Depois que Davi tornou-se rei, encontrou Mefibosete o único filho de Jônatas, devolveu-lhe todos os bens de Saul, e cuidou dele como seu próprio filho no palácio (2 Samuel 9). Dessa forma, o amor espiritual é amar a outra pessoa com o coração imutável mesmo que isso não beneficie a si mesmo, e cause danos a si mesmo. Apenas sendo gentil na esperança de obter algo em troca não é o amor verdadeiro. O amor espiritual é sacrificar a si mesmo e continuar se dando aos outros incondicionalmente, com um motivo puro e verdadeiro.

Imutável amor de Deus e do Senhor para conosco

A maioria das pessoas já sentiu a dor de um coração partido

por causa do amor carnal em suas vidas. Quando temos dor e nos sentimos solitários por causa do amor que muda com facilidade, existe alguém que nos consola e torna-se nosso amigo. Ele é o Senhor. Foi desprezado e abandonado mesmo pelas pessoas, que o achavam inocente (Isaías 53:3), então ele entende nossos corações muito bem. Ele abandonou sua glória celeste e desceu à terra para tomar o caminho de dor. Ao fazer isso tornou nosso verdadeiro consolador e amigo. Ele nos deu o verdadeiro amor até morrer na cruz.

Antes de eu me tornar um cristão em Deus, vinha sofrendo de muitas doenças e experimentado plenamente a dor e a solidão causadas pela pobreza. Depois de estar doente durante sete longos anos, tudo que eu tinha era um corpo doente, uma dívida crescente, o desprezo das pessoas, solidão e desespero. Todos aqueles a quem eu tinha confiado e amava me deixaram. Mas alguém veio a mim quando me sentia completamente solitário em todo o universo. Ele era Deus. Conhecendo a Deus, fui curado de todas as minhas doenças de uma só vez e passei a viver uma nova vida.

O amor que Deus me deu foi o dom gratuito. Eu não o amei em primeiro lugar. Ele veio primeiro a mim estendeu suas mãos. Quando comecei a ler a Bíblia, podia ouvir a declaração do amor de Deus para mim.

Porventura pode uma mulher esquecer-se tanto de seu filho que cria, que não se compadeça dele, do filho do seu ventre? Mas ainda que esta se esquecesse dele, contudo eu não me esquecerei de ti. Eis que nas palmas das minhas mãos eu te gravei; os teus muros estão continuamente diante de mim (Isaías 49:15-16).

Nisto se manifestou o amor de Deus para conosco: que Deus enviou seu Filho unigênito ao mundo, para que por ele vivamos. Nisto está o amor, não em que nós tenhamos amado a Deus, mas em que ele nos amou a nós, e enviou seu Filho para propiciação pelos nossos pecados (1 João 4:9-10).

Deus não me deixou, mesmo quando eu estava lutando em meus sofrimentos depois que todos me abandonam. Quando senti o seu amor, não conseguia segurar as lágrimas que brotavam dos meus olhos. Podia sentir que o amor de Deus é verdadeiro por causa das dores que tinha sofrido. Hoje, me tornei um pastor, um servo de Deus, para confortar os corações de muitas almas e retribuir a graça de Deus que me foi dada.

Deus é o próprio amor. Ele enviou seu único Filho unigênito Jesus a esta terra por nós, que somos pecadores. E ele está nos esperando para irmos ao reino dos céus, onde ele colocou tantas coisas belas e preciosas. Podemos sentir o amor delicado e abundante de Deus, se abrirmos um pouco nossos corações.

Porque as suas coisas invisíveis, desde a criação do mundo, tanto o seu eterno poder, como a sua divindade, se entendem, e claramente se veem pelas coisas que estão criadas, para que eles fiquem inescusáveis (Romanos 1:20).

Porque você somente não pensa na beleza da natureza? O céu azul, o mar claro, e todas as árvores e plantas são coisas que Deus fez para nós para que enquanto vivermos nesta terra tenhamos esperança para o reino dos céus até chegarmos lá.

Das ondas que tocam à praia, as estrelas que brilham como se estivessem dançando, o forte trovão das grandes cachoeiras, e da brisa que passa por nós, podemos sentir o sopro de Deus nos dizendo "eu te amo." Desde que fomos escolhidos como filhos desse Deus amoroso, que tipo de amor temos que ter? Devemos ter o eterno e verdadeiro amor, e não o amor sem sentido que muda quando a situação não nos favorece.

Amor Carnal

E se amardes aos que vos amam, que recompensa tereis?
Também os pecadores amam aos que os amam.
Lucas 6:32

Um homem está diante de uma grande multidão, de frente para o mar da Galiléia. Pequenas ondas azuis no mar atrás dele parecem que estão dançando na brisa suave. Todas as pessoas silenciaram para ouvir suas palavras. Para a multidão de pessoas que estavam sentadas ali e em uma pequena colina, ele lhes dizia para se tornarem sal e luz do mundo e amar até mesmo os inimigos, com um tom de voz suave, mas firme.

Pois, se amardes os que vos amam, que galardão tereis? Não fazem os publicanos também o mesmo? E, se saudardes unicamente os vossos irmãos, que fazeis de mais? Não fazem os publicanos também assim? (Mateus 5:46-47)

Enquanto Jesus estava falando, os incrédulos e até mesmo aqueles que são maus podem mostrar amor para com aqueles que são bons para com eles e aqueles que os favorecem. Há também o falso amor, que parece bom do lado de fora, mas não é verdadeiro no interior. É o amor carnal, que muda depois de um período de tempo se desfaz e cai por terra, como resultado de coisas ainda menores.

O amor carnal pode mudar a qualquer momento, com o passar do tempo. Se a situação muda ou as condições mudam, o amor carnal pode mudar. As pessoas tendem frequentemente a mudar suas atitudes de acordo com as vantagens ou favores recebidos. As pessoas dão somente depois de terem recebido algo dos outros primeiro, ou eles dão somente se a doação parecer ser benéfica a eles. Se damos e esperamos receber o mesmo valor em troca, ou se sentimos desapontados quando não nos dão nada em troca, é porque temos o amor carnal.

O amor entre pais e filhos

O amor que os pais continuam a dar a seus filhos move os corações de muitos. Os pais não reclamam da dificuldade de cuidar de seus filhos com todas suas forças, porque eles amam seus filhos. Geralmente é o desejo dos pais dar o melhor aos seus filhos, mesmo que isso signifique que eles mesmos não possam comer bem ou vestir roupas boas. Mas, ainda há um lugar no canto do coração dos pais que amam seus filhos onde eles também procuram os seus próprios benefícios.

Se eles realmente amam seus filhos, devem ser capazes de dar até mesmo suas vidas sem querer nada em troca. Mas na verdade existem muitos pais que educam os filhos para seu próprio benefício e honra. Eles dizem: "Eu estou dizendo isso para seu próprio bem", mas na verdade eles tentam controlar seus filhos de forma a preencher os seus desejos de fama, ou em próprio benefício monetário. Quando os filhos escolhem suas carreiras ou se casam, se escolhem um caminho ou um cônjuge que os pais não aprovem, eles se opõem muito e ficam desapontados. Isso prova que a devoção e sacrifício para seus filhos eram, afinal de contas, condicional. Eles tentam conseguir o que querem através dos filhos em troca do amor que lhes foi dado.

O amor dos filhos é geralmente muito menor do que o dos pais. Um ditado coreano diz: "Se os pais sofrem de uma doença por um longo período, todos os filhos irão deixá-los." Se os pais estão doentes e idosos e se não houver chance de recuperação, e se os filhos têm que cuidar deles, estes sentem que se torna cada vez mais difícil lidar com a situação. Quando os filhos eram pequenas crianças, diziam algo como: "Eu não vou me casar e eu só vou viver com você, mamãe e papai." Eles podem, na verdade pensar que querem viver com seus pais para o resto de suas vidas. Mas à medida que envelhecem, tornam-se cada vez menos interessados em seus pais, porque estão ocupados tentando ganhar a vida. Os corações das pessoas estão tão dormentes para o pecado nos dias de hoje, e o mal é tão comum que às vezes os pais matam seus filhos ou os filhos matam seus pais.

O amor entre marido e mulher

E o amor entre casais casados? Quando estavam namorando diziam todas as palavras doces como: "Eu não posso viver sem você. Eu vou te amar para sempre." Mas o que acontece depois que se casam? Ressentem-se com seus cônjuges e dizem: "Eu não posso viver minha vida como eu quero por sua causa. Você me enganou."

Eles costumavam declarar seu amor um pelo outro, mas após o casamento, só falam de separação ou divórcio só porque pensam que seus parentescos, educação, ou personalidades não combinam. Se a comida não é tão boa quanto o marido quer que ela seja, ele reclama para sua esposa dizendo: "Que tipo de comida é essa? Não da para comer!" Além disso, se o marido não está ganhando dinheiro suficiente, a esposa o provoca dizendo coisas como: "O marido da minha amiga acabou de ser promovido como diretor e outro para diretor executivo... Quando você vai para ser promovido... e outro amigo meu comprou uma casa grande e um carro novo, e quanto à gente? Quando é que vamos ter coisas melhores?"

Em uma estatística da violência doméstica na Coreia, quase a metade de todos os casais usam a violência contra o seu cônjuge. Assim, muitos casais perderam o primeiro amor que tinham, e agora sentem ódio e brigam uns com os outros. Hoje em dia, existem casais que se separam durante sua lua de mel! A duração média do tempo do casamento ao divórcio está ficando mais curta também. Eles pensavam que amavam tanto seu cônjuge, mas como viveram juntos puderam ver pontos negativos em cada um. Por causa das suas maneiras de pensar e gostos diferentes, estão constantemente em rota de colisão de um assunto para outro. Enquanto fazem isso, todas as suas emoções que eles pensavam ser amor, esfriam-se.

Mesmo que eles pensassem não ter quaisquer problemas claros um com o outro, se acostumaram um com o outro e a emoção do primeiro amor esfria-se com o passar do tempo. Então, eles passam a olhar para outros homens ou mulheres. O marido está decepcionado com sua esposa, que aparece despenteada na parte da manhã e, enquanto fica mais velha e ganha mais peso, ele sente que ela já não é mais atraente. O amor tem que se aprofundar como o passar do tempo, mas na maioria dos casos isso não acontece. Afinal, as mudanças nele apoiam o fato de que esse amor era carnal, amor que procura o seu próprio bem.

Amor entre irmãos

Os irmãos que nascem dos mesmos pais e são criados juntos devem estar mais próximos uns dos outros do que para outras pessoas. Eles podem confiar uns nos outros para muitas coisas porque têm compartilhado muitas coisas e um amor acumulado para com outro. Mas alguns irmãos têm um senso de competição entre eles e se tornam invejosos de outros irmãos e irmãs.

O primogênito pode facilmente sentir que o amor dos pais, que se destina a ser dado a ele agora é tirado e será dado a seus irmãos mais novos. A segunda criança pode sentir-se instável para que seus pais sintam que eles são inferiores ao seu irmão velho ou irmã mais velha. Aqueles irmãos que têm ambos os irmãos mais velhos e mais jovens podem sentir tanto inferioridade em relação aos seus mais velhos e um fardo ao terem que ceder a seus irmãos mais novos. Eles também podem ter a sensação de estar sendo vítima para que eles não possam chamar a atenção de seus pais. Se os irmãos não lidarem com essas emoções corretamente, estarão suscetíveis a ter relações desfavoráveis com os seus irmãos e irmãs.

O primeiro homicídio na história da humanidade também foi realizado entre irmãos. Ele foi causado pela inveja de Caim a seu irmão mais novo Abel devido às bênçãos de Deus. Desde então, tem havido lutas contínuas e brigas entre os irmãos e irmãs ao longo da história humana. José foi odiado por seus irmãos e vendido como escravo para o Egito. Filho de Davi, Absalão, teve um de seus homens que matou seu próprio irmão Amon. Hoje, tantos irmãos e irmãs brigam entre si sobre o dinheiro da herança de seus pais. Tornam-se como inimigos um para o outro.

Apesar de não ser tão grave como nos casos acima, uma vez casados e constituindo suas próprias famílias, não serão capazes de dar tanta atenção aos seus irmãos como antes. Eu fui o ultimo a nascer entre seis irmãos e irmãs. Era muito amado por meus irmãos e irmãs mais velhos, mas quando eu estava de cama por sete longos anos, devido a uma variedade de doenças, as situações mudaram. Tornei-me um fardo cada vez mais pesado para eles. Eles tentaram curar minhas doenças, até certo ponto, mas quando parecia não haver mais nenhuma esperança, viraram as costas para mim.

Amor entre vizinhos

O povo coreano tem uma expressão chamada "Primos vizinhos." Isso significa que os nossos vizinhos estão tão perto como membros da nossa família. Quando a maioria das pessoas estavam na agricultura no passado, vizinhos eram preciosos sendo que poderiam ajudar uns aos outros. Mas esta expressão é cada vez mais uma falsa verdade. Hoje em dia, as pessoas mantém suas portas fechadas e trancadas, mesmo em relação a seus vizinhos. Nós usamos fortes sistemas de segurança. As pessoas nem sequer sabem quem moram ao lado.

Eles não se preocupam com os outros e não têm nenhuma intenção de descobrir quem são seus vizinhos. Eles têm consideração só para si, e somente seus familiares mais próximos são importantes para eles. Eles não confiam uns nos outros. Além disso, se eles sentem que seus vizinhos estão causando qualquer tipo de inconveniente, dano ou prejuízo, não hesitam em condenar ou brigar com eles. Hoje em dia existem muitas pessoas que são vizinhos e processam um ao outro sobre questões insignificantes. Houve uma pessoa que esfaqueou seu vizinho que morava no andar de cima de um apartamento por causa do barulho que ele estava fazendo.

O amor entre amigos

Então, e o sobre o amor entre amigos? Você pode pensar que um amigo especial estará sempre do seu lado. Mas, mesmo alguém que você considera como um grande amigo poderá traí-lo e deixá-lo com um coração despedaçado.

Em alguns casos, uma pessoa pode pedir a seus amigos para lhe emprestar uma quantia significativa de dinheiro ou tornarem-se seus fiadores, pois ele está prestes a ir à falência. Se os amigos se recusarem, ele diz que foi traído e que nunca mais quer vê-los. Mas quem é aquele agindo de forma errada aqui?

Se você realmente ama seu amigo, não pode causar qualquer dor a esse amigo. Se você está prestes a ir à falência, e se seus amigos tornam-se seus fiadores, é certo que seus amigos e seus familiares sofrerão com você. É amor fazer com que seus amigos passem por esses riscos? Não é amor. Mas hoje em dia, essas coisas acontecem com bastante frequência. Além disso, a Palavra de Deus nos proíbe de concessão de empréstimos de dinheiro e da garantia de se tornar um fiador para qualquer um. Quando desobedecemos a palavras de Deus, na maioria dos casos, satanás ira trabalhar e todos aqueles que estão envolvidos enfrentarão danos.

Filho meu, se ficaste por fiador do teu companheiro, se deste a tua mão ao estranho, E te deixaste enredar pelas próprias palavras; e te prendeste nas palavras da tua boca (Provérbios 6:1-2).

Não estejas entre os que se comprometem, e entre os que ficam por fiadores de dívidas (Provérbios 22:26).

Algumas pessoas pensam que é sábio fazer amigos com base no que eles podem receber deles. É um fato que hoje em dia é muito difícil encontrar uma pessoa que voluntariamente abre mão do seu tempo, esforço e dinheiro com amor genuíno por seus vizinhos ou amigos.

Eu tinha muitos amigos desde a infância. Antes de me tornar um cristão em Deus, eu considerava a fidelidade entre amigos como a minha vida. Eu pensava que a nossa amizade duraria para sempre. Mas, enquanto eu estava no meu leito de dor por um longo tempo, pude perceber que este amor entre amigos também mudara de acordo com seus próprios benefícios.

Em primeiro lugar, meus amigos fizeram uma pesquisa para encontrar bons médicos e bons remédios populares e levaram-me a eles, mas enquanto eu não melhorava, me abandonaram um por um. Mais tarde, os únicos amigos que eu tinha era minha bebida e parceiros de jogo. Mesmo aqueles amigos não vieram a mim, porque me amavam, mas porque precisavam de um lugar para ficar por um tempo. Mesmo no amor carnal, dizem que se amam, mas isso logo muda.

Quão bom seria se pais e filhos, irmãos e irmãs, amigos e vizinhos não olhassem para si mesmos e nunca mudassem essa atitude? Se este for o caso, significa que têm o amor espiritual. Mas na maioria dos casos, eles não têm esse amor espiritual, e não conseguirão encontrar a verdadeira satisfação nisso. Eles buscam o amor de seus familiares e das pessoas ao seu redor. Mas enquanto continuam a fazê-lo, só poderiam torna-se mais sedentos de amor, como se estivessem bebendo água do mar para saciar sua sede. Blaise Pascal disse que há um vácuo em forma de Deus no coração de cada homem, que não pode ser preenchido por nenhuma coisa criada, somente por Deus, o Criador, a saber, através de Jesus. Nós não podemos sentir a verdadeira satisfação e sofremos uma sensação de falta de sentido, a menos que o espaço é preenchido pelo amor de Deus. Então, isso significa que neste mundo não há amor espiritual, que não muda nunca? Não é isso. Não é comum, mas o amor espiritual definitivamente existe. 1 Coríntios capítulo 13 nos diz explicitamente sobre o amor verdadeiro.

O amor é sofredor, é benigno; o amor não é invejoso; o amor não trata com leviandade, não se ensoberbece. Não se porta com indecência, não busca os seus interesses, não se irrita, não suspeita mal; Não folga com a injustiça, mas folga com a verdade; Tudo sofre, tudo crê, tudo espera, tudo suporta (1 Coríntios 13:4-7).

Deus chama este tipo de amor o amor espiritual e verdadeiro. Se conhecemos o amor de Deus e somos transformados pela verdade, temos o amor espiritual. Teremos amor espiritual com a qual podemos amar uns aos outros com todo o nosso coração e atitude imutável, mesmo que não nos beneficie, mas traga prejuízo para nós.

**Maneiras
de verificar
o Amor
Espiritual**

Há pessoas que acreditam erroneamente que amam a Deus. A fim de verificar à medida que temos cultivado o verdadeiro amor espiritual e o amor de Deus, podemos examinar as emoções e ações que tivemos quando passamos por testes de refino, provações e dificuldades. Podemos verificar a nós mesmos como até que ponto temos cultivado o amor verdadeiro, verificando se estamos ou não realmente alegres e agradecidos do fundo de nossos corações e se vamos ou não seguir continuamente a vontade de Deus.

Se reclamamos e ressentimos da situação e se buscamos métodos mundanos e confiamos nas pessoas, significa que não temos amor espiritual. Isso só prova o nosso conhecimento de Deus é apenas um conhecimento teórico, não o conhecimento que temos colocado e cultivado em nossos corações. Assim como uma nota falsa se parece com dinheiro real e ainda é, na verdade, apenas um pedaço de papel, o amor que é conhecido apenas no saber não é o amor verdadeiro. É sem qualquer valor. Se o nosso amor pelo Senhor não muda e se confiarmos em Deus em qualquer situação e em qualquer tipo de sofrimento, então podemos dizer que temos cultivado o amor verdadeiro que é o amor espiritual.

O amor como no capítulo do amor

"*Mas agora a fé, a esperança, o amor, respeita estes três, mas o maior destes é o amor.*"

1 Coríntios 13:13

Parte 2

O amor como no capítulo do amor

Capítulo 1 : O tipo de amor que Deus deseja

Capítulo 2 : Características do Amor

Capítulo 3 : Amor Perfeito

O tipo de amor que Deus deseja

"Ainda que eu falasse as línguas dos homens e dos anjos, e não tivesse amor, seria como o metal que soa ou como o sino que tine. E ainda que tivesse o dom de profecia, e conhecesse todos os mistérios e toda a ciência, e ainda que tivesse toda a fé, de maneira tal que transportasse os montes, e não tivesse amor, nada seria. E ainda que distribuísse toda a minha fortuna para sustento dos pobres, e ainda que entregasse o meu corpo para ser queimado, e não tivesse amor, nada disso me aproveitaria."
1 Coríntios 13:1-3

A seguir, um incidente que ocorreu em um orfanato na África do Sul. As crianças estavam cada vez mais doentes, uma por uma, e o número só aumentava. Eles não conseguiam encontrar qualquer razão em particular para suas doenças. O orfanato convidou alguns médicos famosos para diagnosticá-los. Após uma investigação aprofundada, os médicos disseram: "Quando eles estiverem acordados, abracem-nos e expressem amor por eles por dez minutos."

Para surpresa deles, as doenças sem causa começaram a ir embora. Foi por causa do calor do amor que era o que as crianças precisavam mais do que qualquer outra coisa. Mesmo que nós não tenhamos que se preocupar com o custo de vida e vivemos em abundância, sem amor, não podemos ter a esperança de vida ou vontade de viver. Pode-se dizer que o amor é o fator mais importante em nossas vidas.

Importância do Amor Espiritual

O décimo terceiro capítulo de 1 Coríntios, que se chama capitulo do amor, primeiro coloca ênfase na importância do amor antes de realmente explicar o amor espiritual em detalhes. É porque se falássemos a línguas dos homens e dos anjos, e se não tiver amor, nós nos tornamos como um sino barulhento ou como o címbalo que ressoa.

A 'língua dos homens' não se refere ao falar em línguas como um dos dons do Espírito Santo. Refere-se a todas as línguas dos homens que vivem na Terra, como Inglês, Japonês, Francês, Russo, etc. Cultura e conhecimento são sistematizados e transmitidos através da linguagem, e, portanto, podemos dizer que o poder da linguagem é realmente grande. Com a linguagem, também podemos expressar e demonstrar nossas emoções e pensamentos, para que possamos persuadir ou tocar os corações de muitas pessoas. A língua dos homens têm o poder de mover as pessoas e o poder para conquistar muitas coisas.

A 'língua dos anjos' refere-se a palavras belas. Os anjos são seres espirituais e que representam 'beleza.' Quando algumas pessoas falam palavras bonitas, com belas vozes, as pessoas as descrevem como sendo angelicais. Mas Deus diz que até mesmo as palavras eloquentes de homens ou as palavras belas dos anjos são como um sino barulhento ou címbalo que ressoa sem amor (1 Coríntios 13:1).

De fato, uma peça pesada e sólida de aço ou cobre não faz um barulho tão alto quando é atingida. Se um pedaço de cobre faz um barulho alto, isso significa que ele é oco por dentro ou é fino e leve. Pratos fazem barulhos altos porque são feitos a partir de um pequeno pedaço de metal. É a mesma coisa com os homens. Temos valor comparável ao trigo na medida completa cheia de grãos somente quando nos tornamos verdadeiros filhos e filhas de Deus, enchendo nossos corações de amor. Pelo contrário, aqueles que não têm amor são como joio vazio. Porque é assim?

1 João 4:7-8 diz: "Amados, amemo-nos uns aos outros, porque o amor vem de Deus, e todo aquele que ama é nascido de Deus e conhece a Deus. Aquele que não ama não conhece a Deus, porque

Deus é amor." Ou seja, quem não ama não tem nada com Deus, e eles são como joio que não tem nenhum grão nele.

As palavras dessas pessoas são de nenhum valor, mesmo se eles são eloquentes e belos, pois eles não podem dar amor ou a verdadeira vida para outros. Mas só causam desconforto para as outras pessoas, como o sino barulhento ou címbalo que ressoa, pois são leves e vazios por dentro. Por outro lado, as palavras que contêm o amor tem o incrível poder de dar a vida. Podemos encontrar tal evidência na vida de Jesus.

O Amor substancial dá a vida

Um dia Jesus estava ensinando no templo, e os escribas e os fariseus trouxeram uma mulher diante dele. Ela foi apanhada no ato do adultério. Nem mesmo uma pitada de compaixão podia ser encontrada nos olhos daqueles escribas e fariseus que trouxeram a mulher.

Eles disseram a Jesus: "Mestre, esta mulher foi apanhada em adultério, no próprio ato. Agora na Lei, Moisés nos ordena que seja apedrejada tal mulher, o que Tu dizes?" (João 8:4-5)

A lei em Israel é a Palavra e a Lei de Deus. Existe uma cláusula que diz que os adúlteros devem ser apedrejados até a morte. Se Jesus dissesse que eles tinham que apedrejá-la de acordo com a Lei, significava que ele estava contradizendo suas próprias palavras, pois Ele ensinou o povo a amar até mesmo seus inimigos. Se ele disse para perdoá-la, seria claramente uma violação da lei. Estaria contra a palavra de Deus.

Os escribas e fariseus estavam orgulhosos de si mesmos pensando que tinham uma chance de derrubar a Jesus. Conhecendo seus corações muito bem, Jesus apenas abaixou-se e escreveu algo no chão com o dedo. Então, ele se levantou e disse: "Aquele que de dentre vos esta sem pecado, seja o primeiro que atire pedra contra ela" (João 8:7).

Quando Jesus mais uma vez, abaixou-se e escreveu na terra com o dedo, as pessoas saíram uma por uma, e apenas a mulher e o próprio Jesus permaneceu. Jesus salvou a vida desta mulher sem violar a lei.

Por outro lado, o que os escribas e fariseus diziam não era errado porque eles simplesmente falaram o que a Lei de Deus dizia. Mas o motivo de suas palavras era muito diferentes da de Jesus. Eles estavam tentando prejudicar os outros, enquanto Jesus estava tentando salvar almas.

Se tivermos este tipo de coração de Jesus, vamos orar pensando sobre que tipo de palavras podem dar força para os outros e levá-los para a verdade. Vamos tentar dar vida com cada palavra que falamos. Algumas pessoas tentam persuadir os outros com a Palavra de Deus, ou tentam corrigir comportamentos de outras pessoas, apontando suas falhas e erros que eles acham que não são bons. Mesmo que tais palavras estejam corretas, não podem causar mudanças em outras pessoas ou dar vida a eles, contanto que as palavras não falem de amor.

Portanto, devemos sempre verificar a nós mesmos para saber se estamos falando com nossa própria justiça e estruturas de pensamentos, ou se nossas palavras são de amor para dar vida a outros. Ao invés de próprias palavras suaves ditas, uma palavra que contém o amor espiritual pode se tornar a água da vida para saciar a sede das almas, e joia preciosa que da alegria e conforto para as almas em sofrimento.

Amor com atos de sacrificar a si mesmo

Geralmente 'profecia' refere-se a falar sobre os eventos futuros. No sentido bíblico, é receber do coração de Deus a inspiração do Espírito Santo para uma finalidade específica e falar de acontecimentos futuros. Profetizar não é algo que pode ser feito de acordo com a vontade dos homens. 2 Pedro 1:21 diz: "...Porque a profecia nunca foi produzida por vontade de homem algum, mas os homens santos de Deus falaram inspirados pelo Espírito Santo." Esse dom de profecia não é dado aleatoriamente para qualquer um. Deus não dá este presente a uma pessoa que não se santificou, porque esse pode se tornar arrogante.

O "dom de profecia", como no capítulo do amor espiritual, não é um dom que é dado somente a algumas pessoas especiais. Isso significa que qualquer um que crê em Jesus Cristo, e habita na verdade pode prever e falar sobre o futuro. Ou seja, quando o Senhor voltar no céu, os salvos serão arrebatados para o céu e participarão do banquete do casamento de sete anos, enquanto que os que não são salvos sofrerão sete anos da grande tribulação nesta terra e cairão no inferno depois do grande Julgamento do trono branco. Mas, mesmo se todos os filhos de Deus tiverem o dom da profecia sobe a forma de "falar sobre eventos futuros", nem todos eles têm o amor espiritual. Afinal, se eles não têm amor espiritual, irão mudar suas atitudes em seu próprio beneficio, e, portanto, dom de profecia não vai adicionar nada a eles. O presente em si não pode proceder nem exceder o amor.

O "mistério" aqui se refere ao segredo que tinha sido escondido desde os séculos, que é a palavra da cruz (1 Coríntios 1:18). A palavra da cruz é a providência para a salvação humana, o que foi feito por Deus, antes dos séculos sob a sua soberania. Deus sabia que os homens cometeriam pecados e cairiam no caminho da morte. Por esta razão, Ele preparou Jesus Cristo, que se tornaria o Salvador antes mesmo dos séculos. Até esta provisão ser cumprida, Deus guardou segredo. Por que Ele fez isso? Ter o caminho da salvação conhecido, não poderia ter sido cumprido por causa da interferência do inimigo diabo e Satanás (1 Coríntios 2:6-8). O inimigo diabo e Satanás pensaram que seriam capazes de manter a autoridade que receberam de Adão se matassem Jesus. Mas por eles instigaram as pessoas más e matarem a Jesus, o caminho da salvação foi aberto! No entanto, apesar de sabermos esse grande mistério, ter tal conhecimento não nos acrescenta em nada se não temos amor espiritual.

É o mesmo com o conhecimento. Aqui o termo "todo o conhecimento" não se refere ao aprendizado acadêmico. Refere-se ao conhecimento de Deus e da verdade nos 66 livros da Bíblia. Uma vez que conhecemos Deus através da Bíblia, também devemos conhecê-lo e experimentá-lo primeiramente, e crer nele com nossos corações. Caso contrário, o conhecimento da Palavra de Deus permanecerá apenas como uma parte de conhecimento em nossa mente. Podemos até usar o conhecimento de forma desfavorável, por exemplo, julgando e condenando outros. Portanto, o conhecimento sem o amor espiritual não nos beneficia em nada.

E se tivermos uma fé tão grande, que será possível mover uma montanha? Ter muita fé não significa necessariamente ter um grande amor. Então, por que os volumes da fé e do amor não combinam exatamente entre si? A fé pode crescer por ver sinais e maravilhas e as obras de Deus. Pedro viu muitos sinais e prodígios realizados por Jesus e por esta razão pode andar, embora que por um momento, sobre as águas, enquanto Jesus caminhava sobre as águas. Mas nessa altura Pedro não teve amor espiritual, porque ele ainda não havia recebido o Espírito Santo. Ele ainda não tinha circuncidado seu coração, lançando fora os pecados também. Assim, quando sua vida mais tarde foi ameaçada, ele negou Jesus três vezes.

Podemos entender por que a nossa fé pode crescer através da experiência, mas o amor espiritual vem em nossos corações, só quando tivermos os esforços, a devoção, e os sacrifícios para lançar fora os pecados. Mas isso não significa que não há relação direta entre a fé espiritual e o amor. Tentamos lançar fora os pecados e podemos tentar amar a Deus e as almas, porque temos fé. Mas sem as obras de realmente se parecer com o Senhor e cultivar o amor verdadeiro, o nosso trabalho para o reino de Deus não tem nada a ver com Deus, não importa o quão fiel sejamos. Será como disse Jesus, "E então lhes direi abertamente: Nunca vos conheci; apartai-vos de mim, vós que praticais a iniquidade" (Mateus 7:23).

Amor que traz recompensas celestiais

Normalmente, no final do ano, muitas organizações e indivíduos doam dinheiro para as emissoras ou jornais para ajudarem os necessitados. Agora, e se os seus nomes não forem mencionados pelo jornal ou emissora? As chances são de que não haverá muitas pessoas e empresas que ainda queiram fazer as doações.

Jesus disse em Mateus 6:1-2, "Guardai-vos de fazer as vossas boas obras diante dos homens, para serdes vistos por eles; de outra sorte não tereis recompensa junto de vosso Pai, que está nos céus. Quando, pois, deres esmola, não faças tocar trombeta diante de ti, como fazem os hipócritas nas sinagogas e nas ruas, para serem glorificados pelos homens. Em verdade vos digo que já receberam a sua recompensa." Se ajudarmos os outros pra adquirirmos prestigio dos homens, podemos ser recompensados por certo momento, mas não receberemos nenhuma recompensa de Deus.

Este doar é apenas para autossatisfação ou para se vangloriar disso. Se uma pessoa faz obras de caridade apenas como uma formalidade, seu coração vai se enchendo mais e mais quando ele ganha mais louvores. Se Deus abençoa esse tipo de pessoa, ele pode considerar-se adequado aos olhos de Deus. Em seguida, ele não vai circuncidar seu coração, e só ira prejudicar ele mesmo. Se você faz obras de caridade com amor por seus vizinhos, você não se importaria se outras pessoas te reconhecessem ou não. Isso porque você acredita que Deus, o Pai, que vê o que você faz em secreto, te recompensará (Mateus 6:3-4).

Obras de caridade no Senhor não são apenas suprir as necessidades básicas da vida, como roupas, alimentos e habitação. É mais sobre o suprir o pão espiritual para salvar a alma. Hoje, aqueles que são cristãos no Senhor ou não, muitas dizem que o papel das igrejas é ajudar os doentes, os abandonados, e os pobres. Não esta errado, é claro, mas o primeiro dever da igreja é pregar o evangelho e salvar as almas de modo que eles adquiram a paz espiritual. O objetivo final das obras de caridade está nessas metas.

Portanto, quando ajudamos os outros, é muito importante fazer um bom trabalho de caridade, recebendo orientação do Espírito Santo. Se alguma ajuda imprópria é dada a uma determinada pessoa, pode tornar mais fácil para que a pessoa afaste-se ainda mais de Deus. Na pior das hipóteses, pode até mesmo levá-la para o caminho da morte. Por exemplo, se ajudamos aqueles que se tornaram pobres devido ao consumo excessivo de álcool e jogos de azar, ou aqueles que estão em dificuldades porque se levantaram contra a vontade de Deus, então a ajuda só irá levá-los ainda mais ao caminho errado.Claro que isso não significa que não devemos ajudar aqueles que não são cristãos ainda. Devemos ajudar os descrentes, oferecendo-os o amor de Deus. Não devemos, contudo, esquecer que o principal objetivo das obras de caridade é propagar o evangelho.

No caso de novos cristãos que têm a fé fraca, é imperativo que nós os fortaleçamos até que a sua fé cresça. Às vezes, mesmo entre aqueles que têm fé, há alguns que têm enfermidades congênitas ou doenças e outros que tiveram acidentes impedindo-os de ganhar a vida por si mesmos. Há também os idosos que vivem sozinhos ou crianças que têm de sustentar a família na ausência dos pais. Essas pessoas podem estar precisando desesperadamente de obras de caridade. Se ajudarmos essas pessoas que estão em necessidade real, Deus fará com que nossa alma prospere e que todas as coisas nos vão bem.

Em Atos capítulo 10 Cornélio foi uma pessoa que recebeu a bênção. Cornélio temia a Deus e ajudou muito o povo judeu. Ele era um centurião, um oficial de alta patente do exército de ocupação de Israel. Na sua situação deve ter sido difícil para ele para ajudar a população local. Os judeus devem ter suspeitado cautelosamente do que ele estava fazendo e seus colegas também podem ter criticado o que ele fez. Mas, porque ele temia a Deus não parou de fazer boas obras e caridade. Deus viu todos os seus atos, afinal de contas, e enviou Pedro para sua casa, para que não só seus familiares, mas todos aqueles que estivessem com ele em sua casa recebessem o Espírito Santo e salvação.

Não são apenas obras de caridade que devem ser feitas com o amor espiritual, mas também oferendas a Deus. Em Marcos 12, lemos sobre uma viúva que foi elogiada por Jesus porque tinha dado uma oferta com todo seu coração. Ela deu apenas duas moedas de cobre, que era tudo o que tinha para viver. Então, por que Jesus a elogiou? Mateus 6:21 diz: "... porque onde está o teu tesouro, aí estará o seu coração também." Como dito, quando a viúva deu todas as suas despesas de subsistência, significa que todo o seu coração era de Deus. Era a expressão de seu amor por Deus. Pelo contrário, as ofertas dadas com tristeza ou consciente das atitudes e opiniões de outras pessoas não agradarem a Deus. Consequentemente, essas ofertas não irão beneficiar o doador.

Vamos agora falar sobre o autossacrifício. Para "entregar meu corpo para ser queimado" aqui significa "sacrificar-se completamente." Normalmente, os sacrifícios são feitos de amor, mas eles podem ser feitos vazios de amor. Então, quais são os sacrifícios feitos sem amor?

Reclamar sobre diferentes coisas, depois de ter feito a obra de Deus é um exemplo de sacrifício sem amor. É quando você gasta toda a sua força, tempo e dinheiro na obra de Deus, mas ninguém reconhece e elogia, e então você se sente arrependido e reclama. É quando você vê seus colegas de trabalho e senti que eles não são tão zelosos como você, mesmo que eles digam que amam a Deus e ao Senhor. Você pode até dizer para si mesmo que eles são preguiçosos. No final, é apenas o seu julgamento e condenação por eles. Esta atitude incorpora secretamente os desejos de ter seus méritos revelados para os outros, para ser elogiado por eles e se vangloriar de arrogância na sua fidelidade. Este tipo de sacrifício pode quebrar a paz entre as pessoas e causar desgosto para Deus. Isso é como um sacrifício sem amor, nada aproveita.

Você não pode queixar-se externamente com palavras. Mas se ninguém reconhece suas obras fiéis, você vai se abater e pensar que você não é nada e seu zelo pelo Senhor torna-se frio. Se alguém aponta falhas e pontos fracos nos trabalhos que você realizou com toda a sua força, que foram feitas até mesmo ao ponto de sacrificar a si mesmo, você pode perder o coração e culpar aqueles a quem você criticou. Quando alguém da mais frutos do que você e é elogiado e favorecido pelos outros, você se torna ciumento e invejoso dele. Então, não importa o quão fiel e fervoroso você foi, você não obtém a verdadeira alegria dentro de você. Pode até mesmo desistir de suas obrigações.

Há também alguns que são zelosos só quando outros estão olhando. Quando eles não são vistos por outros e já não são notados, eles se tornam preguiçosos e fazem suas obras ao acaso ou de forma inadequada. Em vez de obras que não podem ser vistas aparentemente, eles só tentar realizar obras que são altamente visíveis para os outros. Isso é por causa de seu desejo de revelar-se aos seus idosos e muitos outros e de serem elogiado por eles.

Então, se uma pessoa tem fé como ela poderia se sacrificar de amor vazio? É porque elas não têm amor espiritual, não têm o senso de acreditar propriamente em seu coração no que Deus é para elas e o que são para Deus.

Por exemplo, compare a situação em que um agricultor trabalha em seu próprio campo e um camponês trabalha em outro campo para receber os salários pagos a ele. Quando um agricultor trabalha em seu próprio campo, ele prontamente labuta desde a manhã até tarde da noite,ele não deixa de fazer qualquer uma das tarefas agrícolas e faz todo o trabalho sem falhas. Mas quando um camponês contratado trabalha em um campo que pertence à outra pessoa, ele não gasta toda a sua energia fazendo o trabalho e deseja que o sol se ponha o mais cedo possível para que ele possa receber seu salário e voltar para casa. O mesmo princípio se aplica ao reino de Deus também. Se as pessoas não têm o amor de Deus em seus corações, irão trabalhar para ele superficialmente como mão de obra contratada que querem apenas seus salários,eles vão gemer e reclamar se não receberem os salários que esperam.

É por isso que Colossenses 3:23-24 diz: "E tudo quanto fizerdes, fazei-o de coração, como ao Senhor, e não aos homens, sabendo que do Senhor recebereis como recompensa a herança; servi a Cristo, o Senhor." Ajudar os outros e sacrificar-se sem amor espiritual não tem nada a ver com Deus, o que significa que não receberemos qualquer recompensa de Deus (Mateus 6:2).

Se quisermos sacrificar com um coração verdadeiro, temos que possuir o amor espiritual em nosso coração. Se o nosso coração está cheio de amor verdadeiro, podemos continuar a dedicar a nossa vida ao Senhor com tudo o que temos, mesmo que os outros não reconheçam. Assim como uma vela é acesa e brilha na escuridão, podemos entregar tudo que possuímos. No Antigo Testamento, quando os sacerdotes matavam um animal para oferecê-lo a Deus como sacrifício expiatório, derramava seu sangue e queimavam a gordura sobre o fogo do altar. Nosso Senhor Jesus, como o animal oferecido como propiciação pelos nossos pecados, derramou a última gota de seu sangue e água para resgatar todos os homens de seus pecados. Ele nos mostrou um exemplo de verdadeiro sacrifício.

Por que Seu sacrifício foi eficaz para deixar as muitas almas adquirirem a salvação? Isso porque seu sacrifício foi feito com amor perfeito. Jesus completou a vontade de Deus, a ponto de sacrificar sua vida. Ele ofereceu uma oração de intercessão pelas almas, mesmo no último momento da crucificação (Lucas 23:34). Para este sacrifício verdadeiro, Deus levantou-o e deu-lhe a posição mais gloriosa no céu.

Assim, Filipenses 2:9-10 diz, "Pelo que também Deus o exaltou soberanamente, e lhe deu o nome que é sobre todo nome; para que ao nome de Jesus se dobre todo joelho dos que estão nos céus, e na terra, e debaixo da terra."
Se jogarmos fora ganância e desejos impuros e sacrificar-nos com um coração puro como Jesus, Deus vai exaltar-nos e levar-nos a posições mais elevadas. Nosso Senhor promete em Mateus 5:8 "Bem-aventurados os puros de coração, porque eles verão a Deus." Então, vamos receber a bênção de sermos capazes de ver Deus face a face.

Amor Indo Além da Justiça

Pastor Yang Won Sohn é chamado de "Bomba Atômica do Amor." Ele mostrou um exemplo do sacrifício feito com amor verdadeiro. Ele cuidou dos leprosos com toda a sua força, também foi preso por se recusar a adorar em santuários de guerra japoneses sob o domínio japonês na Coreia. Apesar de seu trabalho dedicado a Deus, ele teve que ouvir uma notícia chocante. Em outubro de 1948, dois de seus filhos foram mortos por soldados de esquerda em uma rebelião contra as autoridades do governo.

As pessoas comuns se queixariam contra Deus, dizendo: "Se Deus é vida, como ele pode fazer isso comigo?" Mas ele apenas deu graças por seus dois filhos que foram martirizados e agora estão no céu ao lado do Senhor. Além disso, ele perdoou o rebelde que matou seus dois filhos e até mesmo o adotou como seu filho. Ele deu graças a Deus em nove aspectos de agradecimentos no funeral de seus filhos que tocou profundamente os corações de muitas pessoas.

"Primeiro de tudo, dou graças por meus filhos se tornarem mártires, apesar de terem nascido do meu sangue, porque sou tão cheio de iniquidades.

Em segundo lugar, dou graças a Deus por ter me dado esses preciosos para ser minha família entre as famílias de tantos cristãos.

Em terceiro lugar, dou graças que o meu primeiro e segundo filho ambos foram sacrificados, e que eram os mais belos entre os meus três filhos e três filhas.

Em quarto lugar, é difícil para um filho se tornar um mártir, mas para eu ter dois filhos que se tornaram mártires dou graças.

Em quinto lugar, é uma bênção morrer em paz com fé no Senhor Jesus, e dou graças que eles receberam a glória do martírio de terem sido baleados e mortos enquanto pregavam o evangelho.

Em sexto lugar, eles estavam se preparando para ir aos Estados Unidos para estudar, e agora foram para o reino dos céus que é um lugar muito melhor do que nos Estados Unidos. Estou aliviado e dou graças.

Em sétimo lugar, dou graças a Deus que me permitiu adotar como meu filho, o inimigo que matou meus filhos.

Em oitavo lugar, dou graças porque eu acredito que haverá frutos abundantes do céu através do martírio dos meus dois filhos.

Em nono lugar, dou graças a Deus que me permitiu perceber o amor de Deus sendo capaz de me alegrar mesmo neste tipo de dificuldade."

Para cuidar das pessoas doentes, Pastor Yang Won Sohn não retrocedeu, mesmo durante a Guerra da Coréia. Ele acabou sendo martirizado pelos soldados comunistas. Ele cuidava das pessoas doentes que foram completamente abandonadas por outros, e na bondade tratou do inimigo que havia matado seus filhos. Ele foi capaz de sacrificar a si mesmo desta forma porque ele estava cheio do verdadeiro amor a Deus e das outras almas.

Em Colossenses 3:14 Deus nos diz: "Além de todas estas coisas vos de amor, que é o perfeito vínculo de união." Mesmo se falarmos a bela língua dos anjos, termos a capacidade de profetizar, a fé para mover uma montanha e nos sacrificarmos por aqueles que estão em necessidade, as obras são imperfeitas aos olhos de Deus, desde que elas não são feitas de um amor verdadeiro. Agora, vamos nos aprofundar em cada significado contido no amor verdadeiro para entrar na dimensão ilimitada do amor de Deus.

Características do Amor

"O amor é sofredor, é benigno; o amor não é invejoso; o amor não trata com leviandade, não se ensoberbece. Não se porta com indecência, não busca os seus interesses, não se irrita, não suspeita mal; Não folga com a injustiça, mas folga com a verdade; Tudo sofre tudo crê, tudo espera, tudo suporta."

1 Coríntios 13:4-7

Em Mateus 24, encontramos uma cena em que Jesus estava lamentando olhando para Jerusalém, sabendo que sua hora estava próxima. Ele tinha de ser pendurado na cruz, na providência de Deus, mas quando ele pensou no desastre que viria sobre os judeus e Jerusalém, ele não poderia ajudar nem a si mesmo lamentando. Os discípulos se perguntaram por que, e fizeram uma indagação: "Qual será o sinal da tua vinda e do fim dos tempos?" (v. 3)

Então, Jesus contou-lhes sobre muitos sinais e lamentos e disse que o amor se esfriaria: "Porque a iniquidade é maior, o amor da maioria das pessoas se esfriará" (v. 12).

Hoje, certamente podemos sentir que o amor das pessoas tem se esfriado. Muitas pessoas procuram o amor, mas não sabem o que é o verdadeiro amor, ou seja, o amor espiritual. Nós não podemos ter o amor verdadeiro só porque queremos tê-lo. Podemos começar a tê-lo quando o amor de Deus entra em nosso coração. Podemos então começar a entender o que é e também abandonar o mal do nosso coração.

Romanos 5:5 diz: "...E a esperança não traz confusão, porquanto o amor de Deus esta derramado em nossos corações pelo Espírito Santo que nos foi dado." Como dito, podemos sentir o amor de Deus através do espírito santo em nosso coração.

Deus nos fala sobre cada uma das características do amor espiritual em 1 Coríntios 13:4-7. Os filhos de Deus são obrigados a aprender sobre ele e praticá-lo para que possam se tornar mensageiros desse amor, que farão com que as pessoas sintam o amor espiritual.

1. O amor é paciente

Se a pessoa não tem paciência, entre todas as outras características do amor espiritual, ele pode facilmente desencorajar outros. Suponha que um supervisor dá certo trabalho para alguém fazer, e essa pessoa não realiza o trabalho corretamente. Assim, o supervisor rapidamente dá o trabalho à outra pessoa para termina-lo. A pessoa original que foi dada a tarefa pode se desesperar por não ter sido dado uma segunda chance de fazer-se por não ter feito bem. Deus colocou "paciência" como a primeira característica do amor espiritual, pois é a característica mais básica para o cultivo do amor espiritual. Se tivermos amor à espera não é chata.

Quando percebemos o amor de Deus, tentamos compartilhar esse amor com as pessoas ao nosso redor. Às vezes, quando tentamos amar os outros desta forma, obtemos reações adversas de pessoas que realmente podem partir nosso coração ou causar grande perda ou dano a nós. Então, essas pessoas não parecerão mais encantadoras, e não seriamos capazes de entendê-las bem. Para ter amor espiritual, precisamos ter paciência e amor, mesmo com essas pessoas. Mesmo que eles nos caluniem, nos odeiem, ou tentam nos colocar em dificuldades sem razão alguma, temos de controlar nossa mente para sermos pacientes e amá-las.

Um membro da igreja uma vez me pediu para orar pela depressão de sua esposa. Ele também disse que era um bêbado e desde que ele começou a beber, se tornou uma pessoa completamente diferente e trouxe muitos problemas para os membros de sua família. Sua esposa, no entanto, era paciente com ele todo o tempo e tentou encobrir sua falta com o amor. Mas seus hábitos nunca mudaram e com o passar do tempo ele se tornou um alcoólatra. Sua esposa perdeu sua alegria de viver e foi dominada pela depressão.

Ele trouxe tantos problemas para sua família por causa de seu hábito de beber, mas veio para receber minha oração, porque ainda amava a esposa. Depois de ouvir sua história, eu lhe disse: "Se você realmente ama sua esposa, porque é tão difícil parar de fumar e de beber?" Ele não disse nada e parecia com falta de autoconfiança. Eu senti pena de sua família. Orei por sua esposa para que ela fosse curada da depressão, e orei por ele para receber o poder de parar de fumar e beber. O poder de Deus foi incrível! Ele foi capaz de parar de pensar em beber logo após de receber a oração. Antes disso, não havia nenhuma maneira que ele poderia parar de beber, mas a vontade cessou imediatamente após receber a oração. Sua esposa também foi curada da depressão.

Ser paciente é o princípio do amor espiritual

Para cultivar o amor espiritual, precisamos ser pacientes com os outros em qualquer tipo de situação. Você sofre de desconforto em sua perseverança? Ou, como no caso da mulher na história, sente desencorajada tendo sido paciente por um longo tempo e a situação não muda para melhor? Então, antes de colocar a culpa sobre as circunstâncias ou outras pessoas, precisamos verificar o nosso coração em primeiro lugar. Se temos cultivado a verdade em nosso coração por completo, não há nenhuma situação em que não possamos ser pacientes. Ou seja, se não podemos ser pacientes, significa que em nosso coração ainda temos maldade, que é a mentira, na mesma medida que nos falta paciência.

Ser paciente significa que estamos pacientes com nós mesmos e todas as dificuldades que encontramos quando tentamos mostrar o verdadeiro amor. Pode haver situações difíceis quando se tenta amar a todos, em obediência à Palavra de Deus, e é a paciência do amor espiritual que nos faz sermos paciente em todas as situações.

Esta paciência é diferente da paciência como dos nove frutos do Espírito Santo em Gálatas 5:22-23. Como é diferente? A "paciência", que é um dos nove frutos do Espírito Santo nos exorta a sermos pacientes em tudo para o Reino e a justiça de Deus, enquanto a paciência no amor espiritual é ter paciência para cultivar o amor espiritual, e, portanto, tem um estreito significado mais específico. Podemos dizer que ele pertence à paciência que é um dos nove frutos do Espírito Santo.

Hoje em dia, as pessoas muito facilmente processam outros

Paciência como nos nove frutos do Espírito Santo

1. Trata-se de lançar fora todas as mentiras e cultivar o coração com a verdade
2. Trata-se de compreender os outros, buscar seus benefícios, e ficar em paz com eles
3. É receber respostas à oração, salvação, e as coisas que Deus prometeu.

por causarem o mínimo de danos à sua propriedade ou bem-estar. Existe uma enxurrada de ações judiciais entre as pessoas. Muitas vezes eles processam suas próprias esposas ou maridos, ou até mesmo seus próprios pais ou filhos. Se você é paciente com os outros, as pessoas podem até zombar de você dizendo que você é um idiota. Mas o que Jesus disse?

Diz-se em Mateus 5:39, "Eu porém vos digo que não resistais ao mau; mas se qualquer te bater na face direita, oferece-lhe também a outra", e em Mateus 5:40, "E ao que quiser pleitear contigo, e tirar-te a túnica, larga-lhe também a capa."

Jesus não só nos diz apenas para não pagar o mal com o mal, mas para sermos pacientes. Ele também está nos dizendo para fazer o bem para as pessoas que são más. Poderíamos pensar, 'Como podemos fazer o bem para eles, se estamos tão zangados e magoados? Se tivermos fé e o amor, somos mais do que capazes de fazê-lo. É a fé no amor de Deus, que nos deu o seu filho unigênito como propiciação pelos nossos pecados. Se acreditamos que temos recebido este tipo de amor, então podemos perdoar até mesmo aquelas pessoas que causaram grande sofrimento e dano em nós. Se amamos a Deus, que nos amou a ponto de entregar seu filho unigênito por nós, e se amamos o Senhor que nos deu a sua vida por nós, seremos capazes de amar qualquer um e a todos.

Paciência sem limites

Há pessoas que reprimem o seu ódio, raiva ou temperamento e outras emoções negativas, até que, eventualmente, atinjam o limite de sua paciência e finalmente explodam. Algumas pessoas introvertidas não expressarem-se facilmente, e sofrem apenas em seus corações, e isso leva a condições de saúde desfavoráveis causados pelo estresse excessivo. Essa paciência é como comprimir uma mola de metal para baixo com as mãos. Se você tirar as mãos, ela vai saltar e pular para cima.

O tipo de paciência que Deus quer que tenhamos é ter paciência até o fim, sem qualquer mudança de atitude. Para ser mais preciso, se temos este tipo de paciência, nem teremos que sequer ser pacientes com qualquer coisa. Não acumularemos ódio e ressentimento em nossos corações, mas removeremos a natureza do mal original que faz com que tais ressentimentos sejam transformados em amor e compaixão. Esta é a essência do significado espiritual da paciência. Se não temos nenhum mal em nossos corações, somente o amor espiritual em plenitude, não será difícil amar até mesmo nossos inimigos. Na verdade, não permitiremos que qualquer inimizade se desenvolva, em primeiro lugar.

Se o nosso coração está cheio de ódio, brigas, inveja e ciúme, iremos primeiro ver os pontos negativos de outras pessoas, mesmo que eles tenham realmente um bom coração. É como se você estivéssemos usando óculos de sol, tudo parece mais escuro. Por outro lado, no entanto, se nossos corações estão cheios de amor, então até mesmo as pessoas que agem com o mal ainda parecerão amáveis. Não importa qual a deficiência, imperfeição, falha ou fraqueza que possam ter, não os odiaremos. Mesmo que eles nos odeiem e ajam com o mal para conosco, nós não os odiaremos em troca.

Paciência também está no coração de Jesus que "não quebra a cana rachada ou apagar o pavio fumegante." E no coração Estevão orou mesmo para aqueles que o estavam apedrejando, dizendo: "Senhor, não lhes imputes este pecado" (Atos 7:60). Eles o apedrejaram apenas por ter pregado o evangelho a eles. Foi difícil para Jesus a amar os pecadores? De maneira nenhuma! Porque seu coração é a própria verdade.

Um dia, Pedro perguntou a Jesus. "Senhor, até quantas vezes pecará meu irmão contra mim, e eu lhe perdoarei? Até sete vezes?" (Mateus 18:21) Então Jesus disse: "Eu não digo que até sete vezes, mas até setenta vezes sete" (v. 22).

Isso não significa que devemos perdoar apenas setenta vezes sete, que é 490 vezes. Sete em sentido espiritual simboliza a perfeição. Portanto, perdoar setenta vezes sete significa perdão perfeito.Podemos sentir o amor sem limites e o perdão de Jesus.

Paciência que cumpre o amor espiritual

Claro que não é fácil transformar nosso ódio em amor da noite para o dia. Temos que ser pacientes por um longo período, sem cessar. Efésios 4:26 diz: "Irai-vos, e ainda assim não pequeis, não se ponha o sol sobre a vossa ira."

Aqui ele diz "irai-vos" para enfrentar aqueles que têm fé fraca. Deus está dizendo a essas pessoas que, mesmo que elas fiquem iradas, devido à sua falta de fé, não devem abrigar sua raiva até o pôr do sol, ou seja, "por um longo tempo", mas que apenas deixem esses sentimentos irem embora. Em relação à medida de cada um da fé, mesmo quando uma pessoa pode se ressentir ou a ira vir a seu coração, se ele tenta lançar fora esses sentimentos com paciência e perseverança, poderá mudar o seu coração para a verdade e o amor espiritual irá crescer em seu coração pouco a pouco.

Quanto à natureza pecaminosa que tem raízes profundas dentro do coração, uma pessoa pode lançá-la fora, orando fervorosamente com a plenitude do Espírito Santo. É muito importante tentar olhar para as pessoas que não gostam de favor e mostrar-lhes atos de bondade. Ao fazermos isso, o ódio em nosso coração irá desaparecer rapidamente, e então seremos capazes de amar as pessoas. Não teremos conflitos e não haverá ninguém que odiaremos. Também seremos capazes de viver uma vida feliz no céu, assim como disse o Senhor, "Pois eis que o reino de Deus está entre vós" (Lucas 17:21).

As pessoas dizem que é como se estivesse no céu quando estão muito felizes. Da mesma forma, o reino dos céus estar no nosso meio se refere a você ter rejeitado todas as mentiras do coração e ter preenchido com verdade, amor e bondade. Então você não tem que ser paciente, porque você está sempre feliz e alegre e cheio de graça, porque você ama todos ao seu redor. Quanto mais você lança fora os males e realiza a bondade, menos precisa ser paciente. Por mais que tenha conseguido o amor espiritual, não vai ter que ser paciente reprimindo seus sentimentos, você será capaz de paciente e pacificamente esperar pelos outros mudarem com o amor.

No céu não há lágrimas, sofrimentos e dores. Porque não há

mal nenhum, mas apenas bondade e amor no céu, você não vai odiar ninguém, ficar com raiva ou irritado com ninguém. Assim, você não terá que se conter e controlar suas emoções. É claro que o nosso Deus não tem que ser paciente em nada, porque ele é o próprio amor. A razão por que a Bíblia diz que "o amor é paciente" porque, como homens, temos uma alma, pensamentos e temperamentos. Deus quer ajudar as pessoas a entender. Quanto mais você ter lança fora a maldade e realiza a bondade, menos paciente precisa ser.

Transformando o inimigo em amigo pela paciência

Abraham Lincoln, o décimo sexto presidente dos Estados Unidos, e Edwin Stanton não estavam em boas condições quando eram advogados. Stanton veio de uma família rica e recebeu uma boa educação. O pai de Lincoln era um pobre sapateiro e nem sequer concluíra o ensino fundamental. Stanton ridicularizava Lincoln com palavras duras. Mas Lincoln nunca ficou com raiva, e nunca o respondeu com hostilidade.

Depois que Lincoln foi eleito como presidente, ele nomeou Stanton como o Secretário de Guerra, que era um dos cargos mais importantes do gabinete. Lincoln sabia que Stanton era a pessoa certa. Mais tarde, quando Lincoln foi assassinado no Teatro da Ford, muitas pessoas correram para salvar suas próprias vidas. Mas Stanton correu direto para Lincoln. Segurando-o em seus braços e com os olhos cheios de lágrimas, ele disse: "Aqui jaz o maior homem a vista do mundo. Ele é o maior líder da história."

A paciência do amor espiritual pode fazer milagres transformando inimigos em amigos. Mateus 5:45 diz: "... para que sejais filhos do vosso Pai que está nos céus, pois Ele faz com que o seu sol se levante sobre maus e bons, e faz chover sobre os justos e os injustos."

Deus é paciente, mesmo com aquelas pessoas que fazem o mal, esperando que eles mudem algum dia. Se tratarmos as pessoas más com o mal, isso significa que somos maus também, mas se formos pacientes e amá-los, olhando para Deus, que nos recompensará, mais tarde receberemos uma bela morada no céu (Salmo 37:8-9).

2. O amor é bondoso

Entre as fábulas de Esopo existe uma história sobre o sol e o vento. Um dia, o sol e o vento fizeram uma aposta sobre quem seria o primeiro a retirar o casaco de uma pessoa que passava por ali. O vento foi o primeiro, e triunfante enviou uma forte rajada de vento suficiente para derrubar uma árvore. O homem envolveu-se mais fortemente com o casaco. Em seguida, o sol, com um sorriso em seu rosto, deu suavemente o brilho quente. Como tinha ficado quente, o homem sentiu calor e logo tirou o casaco.

Esta história nos dá uma lição muito boa. O vento tentou forçar o homem a tirar o casaco, mas o sol fez o homem tirar o casaco voluntariamente. A bondade é algo similar. A bondade é tocar e ganhar o coração dos outros não pela força física, mas com bondade e amor.

Bondade aceita qualquer tipo de pessoa

Quem tem a bondade pode aceitar qualquer pessoa, e muitas pessoas podem descansar ao seu lado. A definição de dicionário de bondade é "a qualidade ou estado de ser amável" e ser gentil é ser de natureza tolerante. Se você pensa em um pedaço de algodão, você pode entender melhor a bondade. Algodão não faz qualquer ruído, mesmo quando outros objetos o golpeiam. Ele só abraça todos os outros objetos.

Além disso, uma pessoa amável é como uma árvore em que muitas pessoas podem descansar. Se você entra debaixo uma grande árvore em um dia quente de verão para evitar o sol escaldante, sentirá muito melhor e mais fresco. Da mesma forma, se alguém tem bom coração, muitas pessoas gostariam de estar ao lado dessa pessoa e descansar. Normalmente, quando um homem é tão gentil e suave, que não fique com raiva de quem o incomoda, e não insisti em suas próprias opiniões, é tido como uma pessoa humilde e bondosa. Mas não importa o quão suave e manso ele seja, se essa bondade não for reconhecida por Deus, ele não pode ser considerado realmente manso. Há alguns que obedecem aos outros só porque suas naturezas são fracas e conservadoras. Há outros que reprimem sua raiva, mesmo que em suas mentes estejam chateados quando outros lhe causam problemas. Mas eles não podem ser considerados bondosos. Pessoas que não têm o mal, apenas tem o amor, em seus corações aceitam e suportam as pessoas más com mansidão espiritual.

Deus quer a bondade espiritual

Bondade espiritual é o resultado da plenitude do amor espiritual não tendo nenhum mal. Com essa bondade espiritual você não se levanta contra ninguém, mas aceita o, não importa o quanto miserável ele possa ser. Além disso, você sofre porque é sábio. Mas temos que lembrar que não podemos ser considerados bondosos só porque nós incondicionalmente entendemos e perdoamos os outros e somos gentis para com todos. Também devemos ter a justiça, a dignidade e autoridade para sermos capazes de orientar e influenciar os outros. Assim, uma pessoa espiritualmente boa não é apenas gentil, mas também sábia e justa. Essa pessoa vive uma vida exemplar. Para ser mais específico sobre a bondade espiritual, é ter humildade no coração interior, bem como a generosidade virtuosa do lado de fora. Mesmo que possuímos um coração bondoso sem mal algum apenas bondade, se temos apenas bondade interior, essa gentileza somente não pode fazer-nos abraçar e ter uma influência positiva sobre os outros. Por isso, quando possuímos não só a bondade interior, mas também as características exteriores de generosidade virtuosa, nossa bondade pode ser aperfeiçoada e mostramos um poder maior. Se possuímos generosidade, juntamente com um coração bondoso, podemos ganhar os corações de muitas pessoas e realizar muito mais.

Pode-se mostrar o verdadeiro amor aos outros, quando se tem a bondade e generosidade de coração, plenitude de compaixão e generosidade virtuosa para ser capaz de guiar os outros para o caminho certo. Então, ele pode levar muitas almas para o caminho da salvação, que é o caminho certo. A bondade interior não pode brilhar sua luz sem a generosidade virtuosa do lado de fora. Agora, vamos primeiro olhar para o que devemos fazer para cultivar a bondade interior.

O padrão para medir a bondade interior é santificação

A fim de realizar a bondade, antes de tudo, temos de nos livrar das maldades do coração e tornarmos santificados. Um bom coração é como o algodão, e mesmo se alguém age de forma agressiva, não faz qualquer som, apenas abraça essa pessoa. Alguém com um bom coração não tem qualquer mal e não tem qualquer conflito com qualquer outra pessoa. Mas se tivermos um coração afiado cheio de ódio, ciúme e inveja ou um coração endurecido de justiça própria e inflexível em suas autoestruturas, será difícil para nós, abraçarmos aos outros.

Se uma pedra cai e atinge outra pedra sólida ou um objeto de metal denso, não faz barulho e salta para fora. Da mesma forma, se a nossa vontade carnal está viva, revelamos nossos sentimentos desconfortáveis, embora que para outros provoquem um menor desconforto. Quando as pessoas perceberem que outros têm deficiências de caráter e outras falhas, e que não poderão cobrir, proteger ou entendê-los, mas em vez disso, poderão julgar, condenar, fofocar e caluniar a eles. Então, isso significa que somos como uma pequena vasilha, que transborda se tentamos colocar qualquer coisa nela.

É um pequeno coração que está cheio de tantas coisas imundas que ele não tem mais espaço para aceitar qualquer outra coisa. Por exemplo, podemos nos sentir ofendidos se outros apontam os nossos erros. Ou, quando vemos outros sussurrando, poderíamos pensar que eles estão falando de nós e querer saber o que eles estão falando. Podemos até julgar os outros só porque eles estão olhando para nós por alguns instantes.

Não ter nenhum mal no coração é a condição básica para cultivar a bondade. A razão é que, quando não há mal que podemos apreciar os outros em nossos corações e podemos vê-los através de bondade e amor. Uma pessoa amável olha para os outros com misericórdia e compaixão o tempo todo. Ele não tem qualquer intenção de julgar ou condenar os outros, ele apenas tenta compreender os outros com amor e bondade, e o coração das pessoas más irão se derreter por seu calor.

É especialmente importante que aqueles que ensinam e guiam outros devam ser santificados. Na medida em que eles têm o mal, eles utilizarão seus próprios pensamentos carnais. Na mesma medida, eles não podem discernir corretamente as situações do rebanho, sendo, assim, incapazes de guiar as almas para os pastos verdes e águas tranquilas. Nós podemos receber a orientação do Espírito Santo e compreender as situações do rebanho corretamente para levá-los da melhor maneira apenas quando estamos completamente santificados. Deus também reconhece apenas aqueles que estão totalmente santificados para serem verdadeiramente bondosos. Diferentes pessoas têm diferentes padrões sobre que tipo de pessoas são as pessoas amáveis. Mas a bondade à vista dos homens, e aos olhos de Deus são diferentes umas das outras.

Deus Reconhece a bondade de Moisés

Na Bíblia, Moisés foi reconhecido por Deus pela sua bondade. Podemos aprender o quanto é importante ser reconhecido por Deus em Números capítulo 12. Uma vez que o irmão de Moisés, Aarão e sua irmã Miriam criticaram Moisés por se casar com uma mulher etíope.

Números 12:2 afirma, "...e eles disseram: 'o Senhor realmente falou só através de Moisés? Ele não tem falado por meio de nós

também?' E o Senhor o ouviu."
O que Deus diz sobre o que eles disseram? "falo com ele boca a boca, mesmo abertamente, e não por enigmas, e ele contempla a forma do Senhor. Por que então você não estava com medo de falar contra o meu servo, contra Moisés? (Números 12:8) Os comentários críticos de Arão e de Miriã sobre Moisés enfureceram a Deus. Por causa disso Miriã ficou leprosa. Arão foi como um porta-voz de Moisés e Miriam também foi um dos líderes da congregação. Pensando que eles também foram tão amados e reconhecidos por Deus, quando eles pensaram que Moisés tinha feito algo errado, eles imediatamente o criticaram por causa disso.

Deus não aceitou, Arão e Miriã condenando e falando contra Moisés de acordo com seus próprios padrões. Que tipo de homem era Moisés? Ele foi reconhecido por Deus como o mais humilde e mais manso entre todos sobre a face da terra. Ele também foi fiel à família toda de Deus, e por isso ele foi confiado por Deus, tanto que ele poderia até mesmo falar com Deus boca a boca.

Se olharmos para o processo em que o povo de Israel do Egito escapou e foi para a terra de Canaã, podemos entender por que o reconhecimento de Moisés de Deus era tão alto. As pessoas que saíram do Egito repetidamente cometerão pecados, indo contra a vontade de Deus. Eles reclamavam contra Moisés e o culpava até mesmo por pequenas dificuldades, e foi o mesmo que reclamar contra Deus. Toda vez que eles se queixaram, Moisés pediu a misericórdia de Deus.

Houve um incidente que mostrou dramaticamente a bondade de Moisés. Enquanto Moisés estava no Monte Sinai para receber os mandamentos, o povo fez um ídolo – um bezerro de ouro – e comeram, beberam e se deliciaram na dissipação enquanto o adoravam. Os egípcios adoravam o deus como um touro e como uma vaca, e eles imitaram esses deuses. Deus havia lhes tinham mostrado que estava com eles tantas vezes, mas eles não mostraram nenhum sinal de transformação. Posteriormente, a ira de Deus veio sobre eles. Mas, neste momento, Moisés intercedeu por eles colocando sua própria vida como garantia: "Agora, pois, perdoa o seu pecado; se não, risca-me, peço-te, do teu livro, que tens escrito" (Êxodo 32:32).

"Teu livro, que tens escrito" refere-se ao livro da vida, que registra os nomes daqueles que são salvos. Se o seu nome é apagado do livro da vida, não será salvo. Isso não significa apenas que você não receberá a salvação, mas significa que você sofrerá no inferno para sempre. Moisés conhecia sobre a vida após a morte muito bem, mas ele queria salvar o povo, mesmo que tivesse que desistir de sua salvação por eles. Tal coração de Moisés era muito semelhante ao coração de Deus, que não quer que ninguém se perca.

Moisés Cultivou bondade através das provações

Claro, Moisés não tinha tanta bondade desde o início. Embora ele fosse um hebreu, ele foi criado como um filho de uma princesa egípcia e não lhe faltava nada. Ele recebeu uma educação na classe mais elevada de conhecimento do Egito e também habilidades de combate. Ele também tinha orgulho e autojustiça. Um dia, ele viu um egípcio espancando um hebreu e fora de sua autojustiça, matou este egípcio. Devido a isso, ele se tornou um fugitivo da noite para o dia. Felizmente, ele se tornou um pastor no deserto, com a ajuda de um sacerdote de Midiã, mas ele tinha perdido tudo. Cuidar do rebanho é algo que os egípcios consideravam muito humilde. Por quarenta anos ele teve que fazer o que ele costumava ignorar. Nesse meio tempo ele se humilhou completamente, percebendo muitas coisas sobre o amor de Deus e da vida.

Deus não chamou Moisés, o príncipe do Egito, para ser o líder do povo de Israel. Deus chamou Moisés o pastor que se humilhou, muitas vezes até mesmo no chamado de Deus. Humilhou-se completamente e lançou fora o mal do seu coração através das provações, e por esta razão ele foi capaz de levar mais de 600 mil homens para fora do Egito para terra de Canaã.

Então, o importante em cultivar a bondade é que temos de cultivar a mansidão e o amor, humilhando-nos diante de Deus, nas provações que ele nos permite passar por elas. A extensão da nossa humildade faz a diferença em nossa bondade também. Se estamos satisfeitos em nosso estado atual pensando que cultivamos a verdade até certo ponto e que serão reconhecidos pelos outros como no caso de Arão e Miriã, nos tornaremos apenas mais arrogantes.

Generosidade virtuosa aperfeiçoa a bondade espiritual

A fim de cultivar a bondade espiritual, devemos não só nos

tornar santificados pelo abandono de toda forma de mal, mas também devemos cultivar a generosidade virtuosa. Generosidade virtuosa é compreender amplamente e aceitar os outros para fazer a coisa certa de acordo com os deveres do homem, e isso é ter o caráter de permitir que os outros apresentem e entreguem os seus corações, por entender suas deficiências e aceitá-los, e não pela força física. Pessoas como essas tem o amor para inspirar segurança e confiança nos outros.

Generosidade virtuosa é como as roupas que as pessoas usam. Não importa quão bom somos interiormente, se estamos nus, seremos desprezados pelos outros. Da mesma forma, não importa o quão bom sejamos, não podemos realmente mostrar o valor da nossa bondade se não tivermos essa generosidade virtuosa. Por exemplo, uma pessoa é boa por dentro, mas fala muitas coisas desnecessárias quando fala com outras pessoas. Tal pessoa não tem má intenção em fazê-lo, mas não adquiri a confiança dos outros, pois ele realmente não parece devidamente comportado ou educado. Algumas pessoas não têm quaisquer ressentimentos, porque eles têm a bondade, e eles não causam nenhum dano aos outros. Mas se eles não ajudam ativamente os outros ou cuidam dos outros com delicadeza, será difícil para eles ganharem os corações de muitas pessoas.

Flores que não têm cores bonitas e boa fragrância não podem atrair nenhuma abelha ou borboleta até a elas, mesmo se elas tiverem muito néctar. Da mesma forma, mesmo que sejamos muito gentis e podemos dar a outra face, se alguém bate em uma de nossas faces, a nossa bondade não pode realmente brilhar menos, que tenhamos generosidade virtuosa em nossas palavras e ações. A verdadeira bondade é realizada e pode mostrar o seu verdadeiro valor apenas quando a bondade interior veste a roupa exterior de generosidade virtuosa.

José teve essa generosidade virtuosa. Ele foi o décimo primeiro filho de Jacó, o pai de todo Israel. Ele foi odiado por seus irmãos e vendido como escravo para o Egito em uma idade jovem. Mas com a ajuda de Deus, ele tornou-se o primeiro-ministro do Egito, com a idade de trinta anos. O Egito naquela época era uma forte nação centrada no Nilo. Ele foi um dos quatro grandes "berços da civilização." Os governantes e as pessoas ambos tinham grande orgulho de si mesmos, e não foi uma coisa fácil se tornar o primeiro-ministro como um estrangeiro. Se ele tivesse uma única falha, teria sido obrigado a renunciar imediatamente.

Mesmo em tal situação, no entanto, José governou o Egito muito bem e sabiamente. Ele era gentil e humilde, e não teve falha em suas palavras e ações. Ele também teve sabedoria e dignidade como um governante. Ele tinha o poder de ser o segundo depois do rei, mas ele não tentou dominar as pessoas ou exibir-se. Ele era rigoroso para si mesmo, mas ele era muito generoso e gentil com os outros. Portanto, o rei e os outros ministros não tiveram reservas e cautela a respeito dele ou ficaram com ciúmes dele, colocaram sua confiança total nele. Podemos inferir esse fato, considerando como calorosamente os egípcios saudaram a família de José, que se mudou para o Egito de Canaã para escapar da fome.

A bondade de José foi acompanhada pela generosidade virtuosa

Se alguém tem essa generosidade virtuosa, significa que ele tem um coração grande, e não passará pelo julgamento e condenação pelos outros com o seu próprio padrão, mesmo ele sendo reto em suas palavras e ações. Esta característica de José foi bem representada quando seus irmãos, que o haviam vendido como escravo no Egito, entraram no Egito para conseguir comida.

No inicio, os irmãos não reconheceram José. É perfeitamente compreensível, pois não o tinham visto por mais de vinte anos. Além disso, eles não poderiam imaginar que José havia se tornado o primeiro-ministro do Egito. Agora, o que José sentiu quando viu seus irmãos que quase o mataram e, posteriormente, o venderam como escravo no Egito? Ele tinha o poder de fazê-los pagar por seus pecados. Mas José não queria se vingar. Ele escondeu a sua identidade e os testaram varias vezes para ver se seus corações eram os mesmos do passado.

José estava realmente dando-lhes uma chance de se arrependerem de seus pecados diante de Deus por si só, porque o pecado de planejar matar e vender seu próprio irmão como escravo em outro país não era algo pequeno. Ele não apenas indiscriminadamente os perdoou ou os puniu, mas levou-os as situações de que seus irmãos poderiam se arrepender de seus pecados por conta própria. Posteriormente, somente depois que seus irmãos reconheceram sua culpa e lamentaram, José revelou sua identidade.

Naquele momento, seus irmãos sentiram medo. Suas vidas estavam nas mãos de seu irmão José, que era agora o primeiro-ministro do Egito, a nação mais forte da terra naquela época. Mas José não tinha desejo de perguntar-lhes porque eles tinham feito o que fizeram. Ele não os ameaçou, dizendo: "Agora pagaram por seus pecados.", Mas ele tentou confortá-los e deixar suas mentes à vontade. "Agora, pois, não vos entristeçais, nem vos pese aos vossos olhos por me haverdes vendido para cá; porque para conservação da vida, Deus me enviou adiante de vós" (Gênesis 45:5).

Ele reconheceu o fato de que tudo estava no plano de Deus. José não apenas perdoou seus irmãos de todo coração, mas ele também consolou seus corações com palavras que tocam, entendendo-os completamente. Isso significa José mostrou a ação que poderia até mesmo tocar os inimigos, que é a generosidade virtuosa externa. A bondade de José acompanhado pela generosidade virtuosa era a fonte de poder para salvar tantas vidas e em torno do Egito e a base para cumprir o plano incrível de Deus. Como foi explicado até agora, a generosidade virtuosa é a expressão externa de bondade interior, e pode ganhar o coração de muitas pessoas e mostrar grande poder.

A santificação é necessária para ter a generosidade virtuosa

Assim como a bondade interior pode ser alcançada através da santificação, a generosidade virtuosa também pode ser cultivada, quando rejeitamos o mal e tornamos santificado. Claro que, mesmo se a pessoa não é santificada, ele poderia ser capaz de mostrar ações virtuosas e generosas, até certo ponto, através da educação, ou porque nasceu com um coração grande. Mas a verdadeira generosidade virtuosa pode sair de um coração que está livre do mal que segue apenas a verdade. Se queremos cultivar a generosidade virtuosa completamente, não é suficiente apenas retirar principais raízes do mal em nosso coração. Temos que lançar até mesmo os vestígios do mal (1 Tessalonicenses 5:22).

Ele é citado em Mateus 5:48, "Sede vós pois perfeitos, como é perfeito vosso Pai celeste que estais no céus." Quando tivermos jogado fora todos os tipos de males do coração e também nos tornado irrepreensíveis em nossas palavras, atos e comportamentos, podemos cultivar a bondade de modo que muitas pessoas possam encontrar descanso em nós. Por esta razão, não devemos ficar satisfeitos quando finalmente chegamos ao nível onde temos que lançar fora os males como o ódio, a inveja, o ciúme, arrogância e o temperamento forte. Nós também temos que tirar até mesmo as pequenas obras do corpo e mostrar as obras da verdade através da Palavra de Deus e orações fervorosas, recebendo a orientação do Espírito Santo.

Quais são as obras do corpo? Romanos 8:13 diz: "...Porque, se viverdes segunda a carne, morrereis; mas, se pelo Espírito mortificardes as obras do corpo, vivereis."

O corpo aqui não se refere simplesmente ao nosso corpo físico. O corpo espiritual refere-se ao corpo do homem depois que a verdade foi drenada dele. Portanto, as obras do corpo referem-se às ações que vêm de mentiras que encheram a humanidade que se transformou em carne. As obras da carne incluem apenas os pecados evidentes, mas também todos os tipos de atos ou ações imperfeitas.

Eu tive uma experiência peculiar no passado. Quando tocava

qualquer objeto, sentia como se tivesse recebido um choque elétrico e me contraia cada vez. Fiquei com medo de tocar qualquer coisa. Naturalmente, eu não tocava em nada depois disso, eu tinha uma oração na mente pedindo ao Senhor. Eu não tenho essas sensações quando tocava os objetos com muito cuidado. Ao abrir a porta, eu segurei o botão muito suavemente. Eu tive que ter muito cuidado mesmo quando eu estava apertando as mãos dos membros da igreja. Tais fenômenos se prolongaram por vários meses, e todos os meus comportamentos tornaram-se muito cautelosos e gentis. Mais tarde vim a perceber que Deus fez as minhas obras do corpo perfeitas através de tais experiências.

Pode ser considerado trivial, mas o seu modo de conduta é muito importante. Algumas pessoas habitualmente fazem contato físico com os outros quando riem ou falam com pessoas que estão próximas a eles. Alguns têm a voz muito alta, independentemente de do lugar e causam desconforto para outros. Esses comportamentos não são grandes falhas, mas eles ainda são delitos do corpo. Aqueles que têm generosidade virtuosa têm comportamentos retos em sua vida todos os dias, e muitas pessoas gostariam de encontrar descanso neles.

Mudar o caráter de coração

Em seguida, temos de cultivar o caráter de nosso coração para possuir a generosidade virtuosa. O caráter do coração refere-se ao tamanho do coração. De acordo com o caráter de cada coração, algumas pessoas fazem mais do que aquilo que se espera deles, enquanto outros fazem apenas as coisas atribuídas a eles ou um pouco menos do que isso. Um homem com generosidade virtuosa tem um caráter de coração que é grande e amplo, para que ele não cuide apenas de seus próprios assuntos pessoais, mas também cuide dos outros.

Filipenses 2:4 diz: "Não atente cada um para o que é propriamente seu, mas cada qual também para o que é dos outros." Esse caráter de coração pode tornar-se diferente de acordo com o quão amplamente ampliamos nosso coração em todas as circunstâncias, para que possamos mudar através de esforços contínuos. Se estamos com impaciência olhando apenas para os nossos próprios interesses pessoais, devemos orar em específico e mudar a nossa mente estreita em uma ampla considerando primeiro o benefício e situações dos outros.

Até ser vendido como escravo no Egito, José foi levado para cima com as plantas e flores cultivadas em floricultura. Ele não podia cuidar de cada caso da casa ou medir os corações e as situações de seus irmãos que não foram amados por seu pai. Através de várias provas, no entanto, ele chegou a possuir a coragem de observar e gerenciar todos os cantos de seu entorno, e ele aprendeu a considerar o coração dos outros.

Deus ampliou o coração de José, em preparação para o momento em que José se tornaria o primeiro-ministro do Egito. Se alcançarmos este caráter de coração junto com um coração gentil e inocente, também poderemos gerenciar e cuidar de uma grande organização. É uma virtude que um líder deve ter.

Bênçãos do tipo

Que tipo de bênçãos será dada àqueles que têm realizado a bondade perfeita, removendo os males do coração cultivando a generosidade virtuosa exterior? Como dito em Mateus 5:5, "Bem-aventurados os mansos, porque eles herdarão a terra", e no Salmo 37:11, "Mas os mansos herdarão a terra e se deleitarão na abundância de paz", eles poderão herdar a terra. A terra aqui simboliza o lugar de habitação do reino dos céus, e herdar a terra significa "desfrutar de grande poder no céus no futuro."

Por que eles gozam de grande autoridade no céu? Uma pessoa amável fortalece outras almas com o coração de nosso Deus Pai e move seus corações. A pessoa se torna mais gentil, mais almas irão descansar com ele e serão guiados para a salvação por ele. Se nós podemos nos tornar grandes homens em quem muitas pessoas encontrem descanso, isso significa que temos servido os outros, em grande medida. Autoridade celestial será dada àqueles que servem. Mateus 23:11 diz: "Mas o maior dentre vós será vosso servo."

Assim, uma pessoa gentil será capaz de desfrutar de grande poder e herdar a terra vasta e ampla como morada, quando ele atingir os céus. Mesmo nesta terra, aqueles que têm grande poder, riqueza, fama e autoridade, são seguidos por muitas pessoas. Mas, se eles perderem tudo o que possuem, irão perder a maior parte de sua autoridade, e muitas pessoas que os seguiam irão deixá-los. A autoridade espiritual que segue uma pessoa amável é diferente da do mundo. Ela não desaparece nem muda. Nesta terra, como a sua alma prospera, ele é bem sucedido em tudo. Além disso, no céu, ele será muito amado por Deus para sempre e será respeitado por inúmeras almas.

3. O amor não é ciumento

Alguns excelentes alunos organizaram e reuniram suas notas sobre as questões que falharam anteriormente nos testes. Eles examinam a razão pela qual eles falharam para obter as respostas corretas e entender o assunto exaustivamente antes de seguirem em frente. Eles dizem que este método é muito eficaz para a aprendizagem do assunto que acham difícil em um curto período de tempo. O mesmo método pode também ser aplicado quando cultivamos o amor espiritual. Se examinarmos nossos atos e palavras com detalhes e lançarmos fora todos os nossos defeitos, um por um, então podemos cumprir o amor espiritual em um curto período de tempo. Vamos olhar para a próxima característica do amor espiritual – "O amor não é ciumento."

O ciúme ocorre quando um sentimento de ciúmes e amargura e tristeza crescem excessivamente e maus atos são cometidos contra outra pessoa. Se temos a sensação de estar com ciúmes e inveja em nossa mente teremos maus sentimentos ao vermos alguém elogiado ou favorecido. Se encontrarmos uma pessoa mais experiente, mais rico e mais competente do que nós, ou se um dos nossos colegas de trabalho se torna próspero, podemos sentir inveja. Às vezes podemos odiar essa pessoa, querer enganar-lhe em tudo o que ele tem e pisar em cima dele.

Por outro lado, podemos nos sentir desencorajados pensando: "Ele é tão favorecido pelos outros, mas o que eu sou? Eu não sou nada!" Em outras palavras, nos sentimos desanimados porque nos comparamos com os outros. Quando nos sentimos desencorajados e alguns de nós podem pensar que não é ciúme. Mas, o amor se regozija com a verdade. Em outras palavras, se temos o amor verdadeiro nos alegramos quando outra pessoa é próspera. Se estamos desanimados e censurados, ou não nos alegramos com a verdade, é porque o nosso ego ou 'eu' ainda está ativo. Porque o nosso 'eu' está vivo, o nosso orgulho está ferido quando sentimos que somos menores do que os outros.

Quando a mente invejosa cresce e, em seguida, profere palavras e atos de maldade, é do ciúme que este capítulo do amor está falando. Se o ciúme desenvolve-se em um estado grave, pode prejudicar ou até mesmo matar outras pessoas. Ciúme é a revelação exterior de coração mau e sujo, e, portanto, é difícil para quem tem ciúme receber a salvação (Gálatas 5:19-21). É porque o ciúme é uma obra evidente da carne, que é o pecado visivelmente exterior. A inveja pode ser classificada de varias formas.

O ciúme em um relacionamento romântico

O ciúme é provocado na ação quando uma pessoa em um relacionamento deseja receber mais amor e favor do outro do que ele ou ela está recebendo. Por exemplo, as duas esposas de Jacó, Lia e Raquel, tinham ciúmes uma da outra e cada uma desejou ser mais favorecida por Jacó. Lia e Raquel eram irmãs, ambas as filhas de Labão, tio de Jacó.

Jacó casou-se com Lia, como resultado do engano do seu tio Labão, indiferente do seu desejo. Jacó na verdade amava a irmã mais nova de Lia, Raquel, e a ganhou como sua esposa após 14 anos de serviço ao seu tio. Desde o início Jacó amava a Raquel mais do que a Lia. Mas Lia deu à luz quatro filhos, enquanto Raquel não foi capaz de dar à luz nenhum filho.

Naquela época era vergonhoso para as mulheres não ter filhos, e Raquel tinha ciúmes de sua irmã Lia continuamente. Ela estava tão cega pelo seu ciúme que foi um jugo também para seu marido Jacó. "Dá-me filhos, senão eu morro" (Gênesis 30:1).

Ambas Raquel e Lia deram suas respectivas servas a Jacó como concubinas para ter o seu amor exclusivamente. Se elas tivessem nutrido apenas um pouco do verdadeiro amor em seus corações, poderiam ter se alegrado quando o outra era mais favorecida pelo seu marido. O ciúme fez com que todos – Lia, Raquel e Jacó fossem infelizes. Além disso, isso afetou seus filhos, também.

O ciúme quando as situações dos outros são mais favoráveis

O aspecto do ciúme para cada indivíduo é diferente de acordo com os valores de vida de cada um. Mas, geralmente, quando o outro é mais rico, mais experiente, e muito mais competente do que nós, ou quando o outro é mais favorecido e amado, podemos nos tornar ciumentos. Não é difícil encontrar-nos em situações de ciúme na escola, no trabalho e em casa quando o ciúme vem da sensação de que alguém é melhor do que nós. Quando o avanço contemporâneo e mais próspero do que o nosso, podemos odiar e caluniar o outro. Podemos pensar que temos que pisar nos outros para sermos mais prósperos e mais favorecidos.

Por exemplo, algumas pessoas revelam falhas e deficiências de outros no local de trabalho e deixando-os sob suspeita injusta e um exame minucioso pelos mais experientes, porque eles querem ser os únicos a serem promovidos em sua companhia. Jovens estudantes não são exceções a esta. Alguns estudantes aborrecem outros alunos que se destacam academicamente ou intimidam os alunos que são favorecidos pelo professor. Em casa, as crianças gritam e brigam com irmãos e irmãs, a fim de obter maior reconhecimento e favor dos pais. Outros o fazem porque querem herdar mais posses dos pais.

Esse foi o caso de Caim, o primeiro assassino da história da humanidade. Deus aceitou apenas a oferta de Abel. Caim sentiu menosprezado e como sua inveja cada vez mais queimava dentro dele, acabou matando seu próprio irmão Abel. Ele deve ter ouvido várias vezes sobre o sacrifício de sangue de animais de seus pais, Adão e Eva, e deve ter conhecido muito bem. "E quase todas as coisas, segundo a lei, se purificam com sangue; e sem derramamento de sangue não há remissão" (Hebreus 9:22).

No entanto, ele apenas deu sacrifícios da colheita da terra que ele cultivou. Pelo contrário, Abel deu sacrifício dos primogênitos das ovelhas com o seu coração, segundo a vontade de Deus. Alguns podem dizer que não era difícil para Abel dar o sacrifício de um cordeiro porque ele era um pastor, mas não é o caso. Ele aprendeu a vontade de Deus de seus pais e ele quis seguir a sua vontade. Por esta razão, Deus aceita somente o sacrifício de Abel. Caim ficou com inveja de seu irmão e muito menos arrependido de sua culpa. Uma vez que acesa, a chama do seu ciúme não poderia ser tirada, e, posteriormente, ele matou seu irmão Abel. Quanta dor de Adão e Eva devem ter sentido por causa disso!

Ciúme Entre Irmãos de Fé

Alguns cristãos tem inveja de outros irmãos ou irmãs na fé que estão à frente deles, em, posição, fé ou fidelidade a Deus. Este fenômeno acontece geralmente quando o outro é idêntico a eles em idade, posição e quantidade de tempo de cristão, ou quando ele conhece a outra pessoa muito bem. Como Mateus 19:30 diz: "Porém muitos primeiros serão os derradeiros, e muitos derradeiros serão os primeiros" às vezes, aqueles que tem menos tempo do que nós, nos anos de fé, idade e em títulos da igreja, podem estar a nossa frente. Então, podemos sentir fortes ciúmes contra eles. Esse ciúme não existe apenas entre os cristãos da mesma igreja. Ele pode estar presente entre os pastores e membros da igreja, entre igrejas, ou mesmo entre diferentes organizações cristãs. Quando uma pessoa dá glória a Deus, todos devemos nos alegrar juntos, mas eles preferem caluniar outros como sendo hereges em uma tentativa de derrubar o nome de outras pessoas ou organizações. O que os pais sentem quando seus filhos estão brigando e odiando uns aos outros? Mesmo se as crianças lhes dão boa comida e coisas boas, eles não seriam felizes. E se os cristãos, que são os mesmos filhos de Deus lutarem e brigarem entre si, ou se é o ciúme entre as igrejas, que fará com que o nosso Senhor para sofra tanto.

A inveja de Saul contra Davi

Saul foi o primeiro rei de Israel. Ele perdeu a sua vida tendo ciúmes de Davi. Para Saul, Davi era como um cavaleiro de armadura brilhante que salvou seu país. Quando a moral dos soldados caiu por causa da intimidação de Golias dos filisteus, Davi fez uma ascensão meteórica e derrotou o campeão dos filisteus com um mero estilingue. Este único ato trouxe a vitória para Israel. Desde então, Davi realizou várias tarefas louváveis na proteção do país contra os ataques dos filisteus. O problema entre Saul e Davi se levantou neste momento. Saul ouviu algo muito perturbador da multidão que foi receber a Davi, que estava voltando com uma vitória no campo de batalha. Que foi, "Saul feriu os seus milhares, porém Davi os seus dez milhares" (1 Samuel 18:7).

Saul ficou muito desconfortável e pensou, "Como eles podem me comparar com Davi? Ele não é nada mais que um menino pastor."

Sua raiva intensificou-se enquanto ele continuava a pensar sobre o comentário. Ele não achava que era certo o povo a celebrar tanto a Davi, e desde então as ações de Davi pareceram-lhe suspeitas. Saul provavelmente pensou que Davi estava agindo de forma a comprar os corações das pessoas. Agora, a flecha da ira de Saul estava apontando para Davi. Ele pensou: "Se Davi já ganhou o coração das pessoas, a rebelião é apenas uma questão de tempo."

Enquanto seus pensamentos tornaram-se cada vez mais exagerados, Saul procurou uma oportunidade para matar Davi. Ao mesmo tempo, Saul estava sofrendo de espíritos malignos e Davi tocava a harpa para ele. Saul aproveitou oportunidade e atirou sua lança para ele. Felizmente, Davi se esquivou e fugiu. Mas Saul não desistiu de seus esforços para matar Davi. Ele perseguiu Davi com seus exércitos de forma contínua.

Apesar de tudo isso, Davi não tinha nenhum desejo de prejudicar a Saul, porque o rei tinha sido ungido por Deus, e o rei Saul sabia disso. Mas a chama da inveja de Saul, que foi incendiada não se esfriava. Saul continuamente sofria de pensamentos perturbadores decorrentes do seu ciúme. Até que ele foi morto em uma batalha contra os filisteus, Saul não teve descanso devido ao seu ciúme de Davi.

Aqueles que tinham ciúmes de Moisés

Em Números 16, lemos a respeito sobre Corá, Datã e Abirão. Corá era levita, e Datã e Abirão eram da tribo de Rúben. Eles mantiveram rancor contra Moisés e seu irmão e ajudante Aaron. Eles se ressentiam do fato de que Moisés tinha sido um príncipe do Egito, e agora ele estava governando-os embora ele fosse um fugitivo e um pastor em Midiã. Em outro ângulo, eles queriam tornar-se líderes. Então, eles fizeram contatos com pessoas para torná-los membros no seu grupo.

Coré, Datã e Abirão reuniram 250 pessoas para segui-los e eles achavam que estavam indo obter o poder. Eles foram para Moisés e Arão e discutiram com eles. Eles disseram; 'Você foi longe demais, por toda a congregação são santos, cada um deles, e o Senhor está no meio deles, então por que você exalta-se acima da assembleia do Senhor?' (Números 16:3)

Mesmo eles não usando nenhuma repressão em confrontá-lo, Moisés não disse nada de volta para eles. Ele apenas se ajoelhou diante de Deus para orar e tentou deixá-los saber de sua culpa e pediu a Deus seu julgamento. Naquela época, a ira de Deus foi despertada contra Coré, Datã e Abirão e aqueles que estavam com eles. A terra abriu a sua boca, e Coré, Datã e Abirão, juntamente com suas esposas e seus filhos e seus pequeninos desceram vivos ao inferno. O fogo também veio do Senhor, e consumiu os duzentos e cinquenta homens que ofereciam o incenso.

Moisés não causou qualquer dano ao povo (Números 16:15). Ele só os fez melhores para liderar as pessoas. Ele provou que Deus estava com eles ao longo do tempo através dos sinais e maravilhas. Ele mostrou-lhes as Dez pragas do Egito, ele fez com que eles cruzassem o Mar Vermelho em terra seca o separando-se em duas partes, ele deu-lhes água da rocha e deu-lhes de comerem o maná e codornizes no deserto. Mesmo assim, eles caluniaram e se levantaram contra Moisés, dizendo que ele estava vangloriando.

Deus também deixa que as pessoas vejam o grande pecado que foi o de ter ciúmes de Moisés. Julgar e condenar um homem que está estabelecido por Deus é o mesmo que julgar e condenar o próprio Deus. Portanto, não devemos criticar descuidadamente igrejas ou organizações que atuam em nome do Senhor, dizendo que eles estão errados ou são hereges. Uma vez que somos todos irmãos e irmãs em Deus, o ciúme entre nós é um grande pecado diante de Deus.

Ciúme sobre as coisas que não fazem sentido

Conseguimos o que queremos apenas por estar com ciúmes? De maneira nenhuma! Podemos ser capazes de colocar outras pessoas em situações difíceis podendo parecer que vamos chegar à frente deles, mas na verdade não podemos ganhar tudo o que queremos. Tiago 4:2 diz: "Cobiçais, e nada tendes; matais, e sois invejosos, e nada podeis alcançar; combateis e guerreais, e nada tendes, porque não pedis." Em vez de ciúme, considere o que está registrado em Jó 4:8, "Segundo eu tenho visto, os que lavram iniquidade, e semeiam mal, segam o mesmo." O mal que você semear vai voltar para você como um bumerangue. Em retribuição pelo mal que você semeia, poderá enfrentar desastres na sua família ou no local de trabalho. Como Provérbios 14:30 diz: "O sentimento sadio é vida para o corpo, mas a inveja é podridão para os ossos", o ciúme resulta apenas em danos auto infligidos e, portanto, é completamente sem sentido. Portanto, se você gostaria de ir à frente dos outros, tem que pedir a Deus que controla tudo, em vez de desperdiçar sua energia em pensamentos e atos de ciúme.

Claro, você não pode obter tudo o que pedi. Em Tiago 4:3, que diz: "Pedis e não recebeis, porque pedis mal, para o que você pode gastar em seus prazeres." Se você pede algo para gastar em seus prazeres, você não pode receber, porque não é a vontade de Deus. Mas na maioria dos casos, as pessoas só pedem através da sua luxúria. Eles pedem riqueza, fama e poder para seu próprio conforto e orgulho. Isso me entristece no curso de meu ministério. A real e verdadeira bênção não é riqueza, fama e poder, mas a prosperidade da alma.

Não importa quantas coisas você tem e aproveita, para que o uso disso se você não receber a salvação? O que temos que lembrar é que todas as coisas desta terra irão desaparecer como uma neblina. 1 João 2:17 diz: "O mundo está passando, e também as suas concupiscências, mas aquele que faz a vontade de Deus permanece para sempre", e Eclesiastes 1:2 diz: "Vaidade de vaidades, diz o pregador, tudo é vaidade!" Eu espero que você não se torne ciumento sobre seus irmãos e irmãs pelo apego às coisas sem sentido do mundo, mas tenha um coração que é correto aos olhos de Deus. Então, Deus vai responder os desejos do seu coração e dar-lhe o reino eterno do céu.

Inveja e desejo espiritual

As pessoas acreditam em Deus e ainda se tornam ciumentas, porque elas têm pouca fé e amor. Se você não tem amor por Deus e têm pouca fé no reino dos céus, você pode se tornar ciumento para adquirir riqueza, fama e poder deste mundo. Se você tem a plena certeza nos direitos dos filhos de Deus e da cidadania do Céu, os irmãos e irmãs em Cristo são muito mais preciosos do que a sua família terrena. Isso porque você crê que irá viver com eles para sempre no céu.

Mesmo os incrédulos que não aceitaram Jesus Cristo são preciosos e eles são os únicos a quem devemos levar ao reino celestial. Sobre esta fé, como cultivamos o amor verdadeiro em nós, conseguiremos amar o nosso próximo como a nós mesmos. Então, quando os outros estão bem de vida, ficaremos tão feliz como se fosse nós mesmos que estamos bem de vida. Aqueles que têm a verdadeira fé não buscarão as coisas sem sentido do mundo, mas tentarão ser diligentes nas obras do Senhor, a fim de tomar o reino celestial pela força. Ou seja, eles terão desejos espirituais.

Desde os dias de João Batista até agora, o reino dos céus sofre violência, e os violentos o tomam pela força (Mateus 11:12).

Desejo espiritual é certamente diferente do ciúme. É importante ter o desejo de ser entusiasta e fiel na obra do Senhor. Mas, se essa paixão cruza a linha e se afasta da verdade ou se provoca os outros a tropeçarem, não é aceitável. Apesar de ser fervoroso no nosso trabalho para o Senhor, devemos atender para as necessidades das pessoas ao nosso redor, procurando seus benefícios, e buscando a paz com todos.

4. O amor não se vangloria

Existem pessoas que sempre se vangloriam de si mesmos. Eles não se preocupam com o que os outros possam sentir quando eles se vangloriam. Eles só querem exibir o que eles têm enquanto procuram ganhar o reconhecimento dos outros. José gabava-se de seu sonho quando ele era um menino. Isso fez com que seus irmãos o odiassem. Desde que ele era amado por seu pai, de uma maneira especial, ele realmente não entendeu o coração de seus irmãos. Mais tarde, ele foi vendido como escravo para o Egito e passou por muitas provações para, eventualmente, cultivar o amor espiritual. Antes de as pessoas cultivarem o amor espiritual, podem quebrar a paz, exibindo-se e elevando-se. Por isso Deus diz: "O amor não se vangloria."

Simplificando, se vangloriar é revelar e mostrar a si mesmo. As pessoas geralmente querem ser reconhecidas se fizeram ou tem algo melhor do que os outros. Qual seria o efeito de se vangloriar dessa forma?

Por exemplo, alguns pais estão admirados e orgulhosos de seus filhos, que são estudiosos. Então, outras pessoas podem se alegrar com eles, mas a maioria tem seu orgulho ferido e tem maus sentimentos em relação a ele. Eles podem dar a seus filhos uma bronca sem razão. Não importa quão bom seu filho esteja indo em seus estudos, se você tem mesmo um pouco de bondade para considerar o sentimento dos outros, você não vai se orgulhar de seu filho assim. Você também vai querer o filho de seu vizinho seja estudioso também, e se ele o fizer, você alegremente irá cumprimentá-lo.

Aqueles que são arrogantes também tendem a serem menos dispostos a reconhecer e elogiar o bom trabalho feito por outras pessoas. De uma forma ou de outra, eles tendem a degradar os outros, porque eles pensam que são obscurecidos à medida que os outros são reconhecidos. Esta é apenas uma forma que se vangloriar causando problemas. Agindo assim, o coração ostentando está longe do verdadeiro amor. Você pode pensar que se você se exibir será reconhecido, mas isso só faz com que seja difícil para você receber o sincero respeito e amor. Em vez de as pessoas ao seu redor inveja-lo, chamará rancor e inveja em relação a você. "Mas agora vos gloriais em vossas presunções; toda a gloria tal como esta é maligna" (Tiago 4:16).

A Soberba da vida provém do amor do mundo

Por que as pessoas vangloriam-se sobre si mesmas? É porque eles têm a soberba da vida dentro deles. A soberba da vida refere-se a "a natureza de ostentar-se de acordo com os prazeres deste mundo." Isso vem do amor para o mundo. As pessoas costumam se orgulhar das coisas que consideram importantes. Aqueles que amam o dinheiro irão se vangloriar sobre o dinheiro que eles têm, e aqueles que consideram aparências exteriores importante, vangloriam-se dela. Ou seja, eles colocaram o dinheiro, aparência exterior, fama ou poder social à frente de Deus.

Um dos membros de nossa igreja teve um negócio de sucesso vendendo computadores para conglomerados empresariais da Coréia. Ele queria expandir seu negócio. Ele pegou muitos tipos diferentes de empréstimos e investiu em uma franquia de café Internet e transmissão de Internet. Ele criou uma empresa com um capital inicial de dois mil milhões de Won(moeda sul-coreana), que é aproximadamente igual a dois milhões de dólares americanos.

Mas o volume de negócios foi lento e os prejuízos aumentaram e eventualmente, fizeram a empresa ir à falência. Sua casa foi entregue a leilão, e os credores o perseguiam. Ele teve que viver em pequenas casas no porão ou no terraço. Nesse momento, ele começou a olhar para trás para si mesmo. Ele percebeu que tinha o desejo de se vangloriar no seu sucesso e que ele tinha ganância por dinheiro. Ele percebeu que dificultou as coisas para as pessoas ao redor dele, porque estava expandindo seus negócios além da sua própria capacidade.

Quando ele se arrependeu profundamente diante de Deus com todo o seu coração e lançou fora a sua ganância, estava feliz, mesmo quando tinha um trabalho de limpeza de linhas de esgoto e fossas sépticas. Deus considerou sua situação e mostrou-lhe uma maneira de começar um novo negócio. Agora, como ele está andando no caminho certo o tempo todo, seu negócio está prosperando.

1 João 2:15-16 diz: "Não ameis o mundo, nem o que no mundo há. Se alguém ama o mundo, o amor do pai não esta nele. Porque tudo o que há no mundo, a concupiscência da carne, a concupiscência dos olhos e a soberba da vida, não é do pai, mas do mundo."

Ezequias, o décimo terceiro rei do Sul de Judá, era correto diante de Deus, e ele também purificou o Templo. Ele venceu a invasão da Assíria, através da oração, quando ele ficou doente, orou com lágrimas e recebeu uma extensão de 15 anos de sua vida. Mas ainda assim ele teve a soberba da vida permanecendo nele. Depois que ele se recuperou de sua doença, a Babilônia mandou seus diplomatas.

Ezequias estava tão feliz de recebê-los e mostrou a eles todo o seu tesouro, a prata, o ouro e as especiarias e o azeite precioso e todo o seu arsenal e tudo quanto se achava nos seus tesouros. Por causa de sua soberba, o sul de Judá foi invadido por Babilônia e todos os tesouros foram levados (Isaías 39:1-6). Ostentação vem do amor ao mundo, e isso significa que a pessoa não tem amor por Deus. Portanto, para cultivar o amor verdadeiro, temos é necessário lançar fora a soberba da vida de seu coração.

Regozijando no Senhor

Existe uma espécie de regozijo que é bom. É a regozijar-se no Senhor, como dito em 2 Coríntios 10:17, "Mas aquele que se orgulha é vangloriar-se no Senhor." Vangloriar-se no Senhor é dar glória a Deus, portanto, quanto mais, melhor. Um bom exemplo de tal é o "testemunho."

Paulo disse em Gálatas 6:14, "Mas longe esteja de mim gloriar-me, senão na cruz de nosso Senhor Jesus Cristo, pela qual o mundo está crucificado para mim e eu para o mundo."

Como ele disse, nos gloriarmos em Jesus Cristo, que nos salvou e nos deu o reino celestial. Nós estávamos destinados à morte eterna devido aos nossos pecados, mas graças a Jesus, que pagou por nossos pecados na cruz, nós ganhamos a vida eterna. Quão gratos devemos ser!

Por esta razão, o apóstolo Paulo se gloriou na sua fraqueza. Em 2 Coríntios 12:9 diz: "E [o Senhor] disse-me: A minha graça te basta, porque o poder se aperfeiçoa na fraqueza." De boa vontade, pois, me gloriarei nas minhas fraquezas, para que em mim habite o poder de Cristo."

De fato, Paulo realizou tantos sinais e maravilhas que as pessoas traziam lenços e aventais para serem tocados por ele, e os doentes eram curados. Ele fez três viagens missionárias levando muitas pessoas para o Senhor e plantou igrejas em muitas cidades. Mas ele diz que não foi ele que fez todas essas obras. Ele apenas se gloriou de que era a graça de Deus e o poder do Senhor que permitiu que ele fizesse o que ele tinha feito.

Hoje em dia, muitas pessoas dão seus depoimentos sobre conhecerem e experimentarem o Deus vivo em suas vidas cotidianas. Elas entregaram o amor de Deus dizendo que receberam a cura de doenças, bênçãos financeiras, e paz da família, quando buscaram a Deus sinceramente e mostraram as obras de seu amor por ele.

Como dito em Provérbios 8:17 que fala: "Eu amo aqueles que me amam, e os que me buscam diligentemente me encontrarão", eles são gratos por experimentarem grande amor de Deus e adquiriram grande fé, o que significa que eles receberam bênçãos espirituais. Tal regozijo no Senhor dá glória a Deus e planta fé e vida nos corações das pessoas. Ao fazê-lo armazena recompensas no céu e os desejos do seu coração serão respondidos mais rapidamente.

Mas temos que ter cuidado com uma coisa aqui, algumas

pessoas dizem que dão glória a Deus, mas na verdade elas tentam fazer-se conhecidas aos outros. Elas implicam indiretamente que são capazes de receber bênçãos por causa de seus próprios esforços. Parece que estão dando glória a Deus, mas na verdade estão dando todo o crédito para si mesmos. Satanás irá trazer acusação contra essa pessoa afinal de contas, o resultado da vangloria de si mesmo serão revelados, pois elas enfrentarão vários tipos de testes e lutas e se ninguém as reconhecem, elas apenas afastam de Deus.

Romanos 15:2 diz: "Cada um de nós agrade ao seu próximo no que é bom para a sua edificação." Como dito, devemos sempre falar em edificação dos nossos vizinhos e plantar a fé e a vida neles. Assim como a água é purificada passando por um filtro, devemos ter um filtro para as nossas palavras antes de falar, avaliando se irão edificar ou ferir os sentimentos dos ouvintes.

Lançando fora a soberba da vida

Mesmo que tenhamos tantas coisas para se orgulhar, ninguém pode viver para sempre. Após a vida nesta terra, todos irão para o céu ou o inferno. No céu, as estradas que pisaremos são feitas de ouro, e a riqueza não pode ser comparada com a deste mundo. Isso significa que ter orgulho neste mundo é sem sentido. Além disso, se uma pessoa tem muita riqueza, fama, conhecimento, poder,e se orgulhar disso, e se for para o inferno?

Jesus disse: "Pois que aproveita o homem ganhar o mundo inteiro, se perder a sua alma? Ou que dará o homem em recompensa da sua alma? Porque o Filho do homem virá na glória de seu Pai, com os seus anjos; e então dará a cada um segundo as suas obras" (Mateus 16:26-27).

O vangloriar-se no mundo nunca dará a vida eterna ou satisfação. Mas, em vez disso dá motivo a desejos sem sentido e nos leva à destruição. Quando percebemos esse fato e enchemos o nosso coração com a esperança do céu, receberemos a força para lançar fora a soberba da vida. É semelhante a uma criança que pode facilmente acabar com seu brinquedo, que é velho e de pouco valor quando ela recebe um novo brinquedo. Porque sabemos sobre a beleza resplandecente do reino celestial, não mesmo assim nos apegamos ou lutamos para conseguir as coisas deste mundo.

Uma vez que lançamos fora a soberba da vida, iremos apenas nos orgulhar em Jesus Cristo. Nós sentiremos que nada deste mundo vale a pena pra se gabar, mas sim, só sentiremos orgulhoso da glória que vamos desfrutar eternamente no reino celestial. Em seguida, seremos preenchidos com alegria que nunca conhecemos antes. Mesmo que enfrentamos alguns momentos difíceis na caminhada em nossas vidas, não sentiremos que foram tão difíceis. Nós somente damos graças pelo amor de Deus, que deu Seu único Filho Jesus para nos salvar, e assim podemos ser preenchidos com alegria em todas as circunstâncias. Se não buscamos a soberba da vida, não nos sentiremos orgulhosos quando recebemos elogios, ou nos tornamos desanimados quando recebermos críticas vamos apenas humildemente nos analisar mais. Quando recebemos elogios só vamos dar graças quando recebemos repreensões para tentar mudar mais.

5. O amor não é arrogante.

Aqueles que se vangloriam facilmente sentem que são melhores do que os outros e tornar-se arrogantes. Se as coisas vão bem com eles, pensam que é porque têm feito um bom trabalho e se tornam vaidosos ou preguiçosos. A Bíblia diz que um dos males que Deus mais odeia é arrogância, que é também a principal razão para as pessoas construírem a Torre de Babel para competir com Deus, que é um evento que fez Deus separar as línguas.

Características de pessoas arrogantes

Uma pessoa arrogante não considera outros melhores do que a si mesmo tratando com desprezo ou desrespeito. Tal pessoa se sente superior aos outros em todos os aspectos. Ele se considera o melhor, despreza, menospreza e tenta ensinar aos outros em todos os assuntos. Ele mostra facilmente a atitude de arrogância para com aqueles que parecem menores do que ele. Às vezes, em sua arrogância excessiva, desconsidera aqueles que o ensinaram e aqueles que estão acima de sua posição na hierarquia da empresa ou social. Ele não está disposto a ouvir censuras e conselhos que seus superiores lhe darem, sempre vai reclamar pensando: "Meu gerente só diz isso porque ele não tem ideia do que se trata", ou seja: "Eu sei de tudo e posso fazer isso muito bem."

Essa pessoa causa muitas discussões e brigas com os outros. Provérbios 13:10 diz: "Da soberba só provém a contenda, mas

com os que se aconselham se acha a sabedoria."
2 Timóteo 2:23 nos diz: "E rejeita as questões loucas, e sem instrução, sabendo que produzem contendas." É por isso que é tão tolo e errado pensar que só você está certo. Cada pessoa tem consciências e conhecimentos diferentes, isso porque cada indivíduo é diferente no que ele tem visto, ouvido, vivido e ensinado. Mas muito do conhecimento de cada um é errado, e alguns foram armazenados de forma inadequada. Se esse conhecimento tem sido endurecido dentro de nós por um longo período de tempo, autojustiça e estruturas são formadas. Autojustiça é insistir que apenas as nossas opiniões estão corretas, e quando ela endurece, torna-se a estrutura de pensamento. Algumas pessoas formam suas estruturas com sua personalidade ou com o conhecimento que eles têm.

A estrutura é como o esqueleto de um corpo humano. Constitui a forma de cada um, e uma vez que é feita é difícil quebrá-la. A maioria dos pensamentos das pessoas vem da autojustiça e estruturas. Uma pessoa que tem um senso de inferioridade reage muito sensivelmente se os outros apontam o dedo de acusação contra eles. Ou, como eu disse antes, se uma pessoa rica ajusta suas roupas, as pessoas pensam que ele está se gabando e exibindo sua roupa. Se alguém usa algum vocabulário difícil ou denso, as pessoas pensam que ele está exibindo seu conhecimento e os menosprezando.

Eu aprendi com o minha professora de escola primária que a Estátua da Liberdade estava em São Francisco. Lembro-me vividamente de como ela me ensinou com a imagem e o mapa dos

Estados Unidos. No início dos anos 90, eu fui para os Estados Unidos para liderar uma reunião da união do reavivamento. Foi então que eu aprendi que a estátua da liberdade estava na verdade localizada na cidade de Nova Iorque.

Para mim, a estátua deveria estar em São Francisco, então eu não entendia por que ele estava em Nova Iorque. Perguntei às pessoas ao meu redor e elas disseram que era na verdade em Nova Iorque. Eu percebi que um pedaço de conhecimento que eu tinha acreditado ser verdade não era realmente correto. Naquele momento, eu também pensei o que eu acredito ser certo pode estar errado também, mas muitas pessoas acreditam e insistem em coisas que não são corretas.

Mesmo quando elas estão erradas, aqueles que são arrogantes não vai admitir isso, mas continuarão insistindo em suas opiniões, e isso leva a brigas. Mas aqueles que são humildes não irão brigar, mesmo que a outra pessoa esteja errada, mesmo que eles tenham 100% de certeza de que estão certos, ainda assim pensam que podem estar errados, pois eles não têm qualquer intenção de ganhar dos outros em discussão.

Um coração humilde tem amor espiritual, que considera os outros superiores. Mesmo que os outros sejam menos afortunados, menos educados, ou tem menos poder social, com uma mente humilde podemos considerar os outros superiores a nós mesmos no nosso coração. Gostaríamos de considerar todas as almas muito preciosas porque elas são tão valiosas que Jesus derramou seu sangue.

A arrogância carnal e a arrogância espiritual

Se alguém demonstra essas ações exteriores de mentiras de ostentar-se, exibindo-se e menosprezando os outros, ele realizará tal arrogância facilmente. Quando aceitamos o Senhor e chegamos ao conhecimento da verdade, esses atributos de arrogância carnal podem ser facilmente liberados. Pelo contrário, não é fácil de perceber e lançar fora sua arrogância espiritual. O que é então a arrogância espiritual?

Quando você vai à igreja por um período significativo de tempo, você armazena muito conhecimento da palavra de Deus, você pode também receber títulos e posições ou ser eleito como líder. Então você pode sentir que tem cultivado uma quantidade de conhecimento da palavra de Deus em seu coração que é significativo o suficiente para pensar: "Eu tenho feito muito." Devo estar certo sobre a maioria das coisas! "Você pode repreender, julgar e condenar os outros com a palavra de Deus armazenada como conhecimento, pensando que você é o único a discernir o certo e o errado de acordo com a verdade." Alguns líderes da igreja seguem os seus próprios benefícios e quebram as regras e ordens que eles deveriam manter. Eles definitivamente violam as ordens da igreja em ações, mas eles pensam: "Para mim, isso é certo porque estou nesta posição." Eu sou uma exceção. "Tal exaltada mentalidade a arrogância espiritual."

Se confessarmos o nosso amor por Deus, ignorando a lei e a ordem de Deus com o coração exaltado, a confissão não é verdadeira. Se julgamos e condenamos os outros, não podemos ser considerados como tendo o amor verdadeiro. A verdade nos ensina a olhar, ouvir e falar só coisas boas dos outros.

Irmãos, não faleis mal uns dos outros. Quem fala mal de um irmão, e julga a seu irmão, fala mal da lei, e julga a lei; e, se tu julgas a lei, já não és observador da lei, mas juiz (Tiago 4:11).

Como você se sente quando encontra a fraqueza de outras pessoas?

Jack Kornfield, em seu livro A Arte do Perdão, Bondade e Paz, escreve sobre uma maneira diferente de lidar com ações inexperientes.

"No Babemba tribo da África do Sul, quando uma pessoa age de forma irresponsável ou injustamente, ele é colocado no centro da aldeia, sozinho e restrito. Todo o trabalho cessa, e cada homem, mulher e criança na aldeia se reúnem em um grande círculo em torno do indivíduo acusado. Em seguida, cada pessoa na tribo fala com o acusado, um de cada vez, cada um relembrando as coisas boas que a pessoa no centro do círculo tem feito em sua vida. Cada incidente, cada experiência que possa ser recuperada com todo o detalhe e precisão, são contadas. Todos os seus atributos positivos, as boas ações, forças e gentilezas são recitadas cuidadosamente e em profundidade. Esta cerimônia tribal muitas vezes dura vários dias. No final, o círculo tribal é quebrado, uma alegre celebração ocorre, e a pessoa é simbolicamente e literalmente recebida de volta para a tribo."

Através deste processo, as pessoas que fizeram o errado recuperaram sua autoestima e colocam na sua mente contribuir para a sua tribo. Graças a esse julgamento único, dizem que crimes dificilmente ocorrem em sua sociedade.

Quando vemos as falhas de outras pessoas, podemos pensar se vamos julgar e condená-las primeiro ou o nosso coração misericordioso e comovente vai à frente. Com essa medida, podemos examinar o quanto temos cultivado humildade e amor. Ao verificar-nos constantemente, não devemos nos contentar com o que já conquistamos, só porque temos sido cristãos por um longo tempo.

Antes de uma pessoa se tornar santificada completamente, todos tem a natureza que permite o crescimento de arrogância. Portanto, é muito importante puxar para fora as raízes da natureza da arrogância. Podendo vir à tona novamente a qualquer momento, a menos que o retire completamente por meio de orações fervorosas. É como se você cortasse as ervas daninhas, elas vão continuar a crescer a menos que sejam totalmente arrancadas, ou seja, uma vez que a natureza pecaminosa não foi completamente removida do coração, a arrogância vem à mente novamente como se elas levassem a vida de fé por um longo tempo. Portanto, devemos sempre nos humilhar como crianças diante do Senhor, considerando os outros superiores a nós mesmos, e nos esforçando continuamente para cultivar o amor espiritual.

Pessoas arrogantes acreditam em si mesmas

Nabucodonosor deu inicio a era de ouro da grande Babilônia. Uma das maravilhas do mundo antigo, o jardim suspenso foi feito nesse período. Ele estava orgulhoso de que todo o seu reino e obras foram feitas por seu grande poder. Ele fez uma estátua de si mesmo e fez o povo adorá-la. Daniel 4:30 diz: "Falou o rei dizendo: Não é esta a grande Babilônia que eu edifiquei para a casa real, com a força do meu poder, e para a gloria da minha magnificência."

Deus posteriormente o fez entender quem na verdade era o governante do mundo (Daniel 4:31-32). Ele foi expulso do palácio, pastava na grama como vacas, e viveu como um animal selvagem no deserto por sete anos. Qual era o significado do seu trono naquele momento? Nós não podemos ganhar nada se Deus não permitir. Nabucodonosor voltou a um estado normal da mente, depois de sete anos. Ele percebeu sua arrogância e reconheceu Deus. Daniel 4:37 diz: "Agora, pois, eu, Nabucodonosor, louvo, exalto e glorifico ao rei do céu; porque todas as suas obras são verdade, e os seus caminhos juízo, e pode humilhar aos que andam na soberba."

Não se trata apenas de Nabucodonosor. Alguns cristãos em todo o mundo dizem: "Eu acredito em mim mesmo." Mas o mundo não é fácil para eles se superarem. Há muitos problemas no mundo que não podem ser resolvidos com as habilidades humanas, mesmo o melhor do conhecimento científico de ponta e tecnologia é inútil ante as calamidades naturais, incluindo a tufões e terremotos e outros desastres inesperados.

E quantos tipos de doenças não podem ser curadas, mesmo com medicamentos modernos? Mas muitas pessoas confiam em si mesmas, ao invés de Deus, quando elas se encontram com vários problemas. Confiam em seus pensamentos, experiências e conhecimentos. Mas, quando elas ainda não são bem sucedidos e ainda encaram os problemas, reclamam contra Deus, apesar de sua descrença em Deus. É por causa da arrogância morada em seu coração. Devido a essa arrogância, elas não confessam sua fraqueza e não conseguem reconhecer humildemente a Deus.

O que é mais lamentável é que alguns cristãos em Deus confiam no mundo e em si mesmos, ao invés de Deus. Deus quer que Seus filhos prosperem e vivam em sua ajuda., mas se você não está disposto a se humilhar diante de Deus, na sua arrogância, Deus não pode ajudá-lo. Então, você não será protegido contra o diabo inimigo ou irá se tornar próspero em seus caminhos. Assim como Deus diz em Provérbios 18:12, "O coração do homem se exalta antes de ser abatido e diante da honra vai a humildade," a única coisa que lhe causa falhas e destruições não é nada, mas sua arrogância.

Deus julga o arrogante por ser tolo. Comparado a Deus que fez um trono do Céu e um pedaço de terra, quão pequena é a presença do homem? Todos os homens foram criados à imagem de Deus e somos todos iguais como filhos de Deus, quer da posição alta ou baixa. Não importa de quantas formas podemos ser arrogantes no mundo, a vida deste mundo é apenas momentânea. Quando esta curta vida chega ao fim, todos serão julgados perante Deus e vamos ser exaltado no céu de acordo com o que temos feito em humildade nesta terra. É porque o Senhor vai exaltar-nos, como diz Tiago 4:10, "Humilhai-vos na presença do Senhor, e ele vos exaltará."

Se a água fica em uma pequena poça, ela irá estagnar e tornar-se deteriorada e verme a preencherão. Mas, se o curso de água incessantemente for para baixo, ela acabará por chegar ao mar e dar vida a tantos seres vivos. Da mesma forma, vamos nos humilhar, para que nos tornemos grandes aos olhos de Deus.

Características do Amor Espiritual I	1. É Paciente
	2. É Bondoso
	3. Ele não é ciumento
	4. Ele não se vangloria
	5. Não é arrogante

6. O amor não é fingido

'Modos' ou 'etiqueta' é o caminho socialmente correto de agir sobre as atitudes e comportamentos das pessoas em relação aos outros. Os tipos de etiqueta cultural tem grande variação nas formas em nossas vidas cotidianas, como a etiqueta em nossas conversas, no jantar ou no comportamento em locais públicos, como nos cinemas.

Boas maneiras são uma parte importante de nossas vidas. Comportamentos socialmente aceitáveis que sejam apropriados para cada local e ocasião, normalmente, deixam impressões favoráveis sobre os outros. Pelo contrário, se não mostrarmos os comportamentos adequados e se ignorarmos a etiqueta básica, então causará desconforto para as pessoas ao nosso redor. Além disso, se dizemos que amamos alguém, mas se somos fingidos para com essa pessoa, seria difícil para ela acreditar que realmente a amamos.

O Dicionário online da Merriam-Webster refere-se a 'impróprio' como 'não está de acordo com as normas apropriadas para sua posição ou condição de vida.' Em nossas vidas cotidianas há muitos tipos de normas de etiqueta culturais, como nas saudações e conversas. Para nossa surpresa, muitas pessoas não sabem que elas agiram de forma imprópria mesmo depois de terem agido de maneira rude. Em particular, é mais fácil para nós agir de forma imprópria para com aqueles que são próximos a nós porque quando sentimos confortáveis com algumas pessoas, tendemos a agir com grosseria ou sem etiqueta apropriada.

Mas se tivermos o amor verdadeiro, nunca agiremos de forma

imprópria. Suponha que você tenha uma joia muito valiosa e bonita, você iria tratá-la descuidadamente? Você seria muito cauteloso e cuidadoso ao manuseá-la para não quebrar, ferir ou perdê-la. Da mesma forma, se você realmente ama alguém, como preciosamente você iria tratá-lo?

Há duas situações de agir de forma imprópria: grosseria diante de Deus e grosseria para com o homem.

Agindo de forma imprópria para com Deus

Mesmo entre aqueles que acreditam em Deus e dizem que amam a Deus, quando vemos as suas obras e ouvimos suas palavras, muitos deles estão tão longe de amar a Deus, como por exemplo, cochilar durante os cultos é uma dos principais grosserias diante de Deus.

Cochilar durante o culto é o mesmo que estar adormecido diante da presença de Deus. Seria muito rude cochilar em frente ao presidente de um país ou o CEO da empresa. Então, quanto mais impróprio seria cochilar diante de Deus? Seria duvidoso você continuar a professar que ainda ama a Deus. Ou, suponha que você está conhecendo seu amado escolhido e você continua cochilando na frente dessa pessoa. Então, como podemos dizer que você realmente ama essa pessoa?

Além disso, se você tem conversas pessoais com pessoas próximas a você, durante os cultos ou se você devaneia, também está agindo de forma imprópria. Comportamento como este é uma indicação de que o adorador não tem reverência e amor por

Deus.

Tais comportamentos também afetam os pregadores também. Suponha que haja um cristão que está falando com outra pessoa ao lado dele, ou sua mente esteja vagando ou cochilando. Então, o pregador pode se perguntar se a mensagem não é graciosa o suficiente. Ele pode perder a inspiração do Espírito Santo, de modo que ele não será capaz de pregar com a plenitude do Espírito Santo. Todos esses atos, eventualmente, causaram inconvenientes para outros adoradores também.

É o mesmo com a saída do santuário no meio do culto. Claro, existem alguns voluntários que têm de ir para fora para suas funções para ajudar com os serviços de adoração. No entanto, exceto em casos muito especiais, é apropriado para mover-se somente após o serviço foi completamente terminado. Algumas pessoas pensam: "Nós só podemos ouvir a mensagem", e sair antes do culto acabar, mas isso é agir de forma imprópria.

O culto de adoração hoje é comparativamente equivalente ao holocausto no Antigo Testamento. Quando deram holocaustos, eles tiveram que cortar os animais em pedaços e, em seguida, eles queimaram todas as partes (Levítico 1:9).

Isto, no sentido de hoje, significa que temos a oferecer um culto próprio e completo desde o início até o final de acordo com um determinado conjunto de formalidades e procedimentos. Temos que seguir toda a ordem da sequência no culto de adoração com todo o nosso coração, começando com a oração silenciosa até terminar com a bênção ou a oração do Senhor. Quando cantamos louvores ou oramos, ou mesmo durante o período de oferta e anúncios, temos que dar todo o nosso coração. Além de cultos oficiais da igreja, em qualquer tipo de reunião de oração, louvor e culto, ou em cultos em células, temos que fazê-lo com todo o nosso coração.

Para adorar a Deus com todo o nosso coração, em primeiro lugar, não devemos estar atrasado para o culto. Não é adequado chegar tarde aos compromissos com outras pessoas, e quão impróprio é estar atrasado para um compromisso diante de Deus? Deus está sempre à espera no local de adoração para aceitar nossa adoração.

Portanto, não deveríamos chegar imediatamente antes do início do culto. É a maneira adequada chegar mais cedo e orar em arrependimento e preparar-se para o culto. Além disso, o uso de telefones celulares durante o culto, deixar as crianças correrem e brincarem durante o culto, goma de mascar ou comer durante o culto esta nesta categoria de agir na forma imprópria.

A aparência pessoal que você tem para o culto também é importante. Normalmente, não é apropriado para ir à igreja vestindo roupas de casa ou roupas destinadas ao local de trabalho. O Traje é uma forma de expressar nossa reverência e respeito a outra pessoa. Filhos de Deus que realmente acreditam em Deus sabem quão precioso é Deus. Então, quando eles vão adorá-lo, usam o traje mais limpo que eles têm.

Claro, pode haver exceções. Para o culto de quarta-feira ou na sexta-feira para o culto de vigília, muitas pessoas vêm diretamente de seus locais de trabalho. Como elas se apressam para chegar na hora certa, elas podem vir com suas roupas de trabalho. Neste tipo de caso, Deus não irá dizer que elas estão agindo de forma rude, mas irá se alegrar porque ele recebe o aroma do coração delas e como elas tentam chegar a tempo ao culto de adoração, mesmo quando elas estão ocupadas com o seu trabalho. Deus deseja ter comunhão amorosa conosco através dos cultos e orações. Estes são deveres que os filhos de Deus devem ter. Especialmente, a oração é conversar com Deus. Às vezes, enquanto outros estão orando, pode-se tocar neles para pararem a sua oração, porque existe uma emergência.

Isso é o mesmo que interromper outras pessoas quando elas estão tendo uma conversa com os seus gerentes. Além disso, quando você esta orando, se você abrir os olhos e parar de orar de imediato só porque alguém está te chamando, é também agir de forma imprópria. Neste caso, você deve terminar a oração em primeiro lugar, e depois responder.

Se oferecermos nossa adoração e oração em espírito e em verdade, Deus nos dá de volta bênçãos e recompensas. Ele responde às nossas orações mais rapidamente e recebe o aroma do nosso coração com alegria. Mas se acumulamos atos impróprios durante um ano, dois anos, e assim por diante, irá criar uma parede de pecado contra Deus. Mesmo entre marido e mulher ou entre pais e filhos, se o relacionamento sem amor continua, haverá muitos problemas que é a mesma coisa com Deus. Se nós construímos um muro entre nós e Deus, não poderemos estar protegidos de doenças ou acidentes, e enfrentaremos vários problemas. Nós não podemos receber as respostas às nossas orações, mesmo que orar por um longo tempo. Mas se tivermos atitudes adequadas no culto e oração, podemos resolver muitos tipos de problemas.

A Igreja é a Santa Casa de Deus

A igreja é um lugar onde Deus habita. Salmos 11:4 diz: "O Senhor está no seu santo templo, o trono do Senhor está nos céus."

Nos tempos do Velho Testamento, não era permitido a qualquer um entrar no lugar santo. Somente os sacerdotes podiam entrar apenas uma vez por ano e só o sumo sacerdote podia entrar no Santo dos Santos dentro do Lugar Santo. Mas hoje, pela graça de nosso Senhor, todos podem entrar no santuário e adorá-lo. Isso porque Jesus nos redimiu dos nossos pecados com o seu sangue, como diz em Hebreus 10:19, "Portanto, irmãos, temos plena confiança para entrar no santuário, pelo sangue de Jesus."

O santuário não significa apenas o lugar onde adoramos. É todo o espaço dentro dos limites que compreende a igreja, incluindo o quintal e todas as outras instalações. Portanto, onde quer que estejamos na igreja, devemos ser cuidadosos sobre mesmo uma pequena palavra e ação. Nós não devemos ficar com raiva, brigar ou falar sobre entretenimentos mundanos ou empresas no santuário. É a mesma coisa que descuidadamente lidar com as coisas santas de Deus na igreja ou danificar, quebrar ou perde-los.

Especialmente, comprar ou vender qualquer coisa na igreja não é aceitável. Hoje, com o desenvolvimento de compras pela Internet, algumas pessoas pagam por aquilo que eles estão comprando na Internet e recebem o item na igreja. Isto é certamente uma transação comercial. Temos que lembrar de que Jesus derrubou as mesas dos cambistas de dinheiro e mandou embora aqueles que estavam vendendo animais para os sacrifícios.

Jesus não aceitou mesmo os animais que foram criados para sacrifícios que estavam sendo vendidos no templo. Portanto, não devemos comprar ou vender qualquer coisa na igreja para necessidades pessoais. É a mesma coisa de ter um bazar no pátio da igreja.

Todos os lugares da igreja deveriam ser separados para adorar a Deus e ter comunhão com os irmãos e irmãs no Senhor. Quando oramos muitas vezes em reuniões na igreja, devemos ter cuidado para não nos tornar insensíveis a santidade da igreja. Se amamos a igreja, não agiremos de forma imprópria, como está escrito no Salmo 84:10, "Porque vale mais um dia nos teus átrios do que mil. Preferiria estar à porta da casa do meu Deus, a habitar nas tendas dos ímpios."

Agindo de forma imprópria para com as pessoas

A Bíblia diz que aquele que não ama a seu irmão não pode amar a Deus também. Se agirmos de forma imprópria para outras pessoas que são visíveis, como podemos ter maior respeito por Deus, que não é visível?

Se alguém diz: Eu amo a Deus, e odeia a seu irmão, é mentiroso. Pois quem não ama a seu irmão, ao qual viu, como pode amar a Deus, a quem não viu? (1 João 4:20)

Vamos considerar geralmente atos impróprios em nossas vidas

diárias, que facilmente deixamos de tomar conhecimento. Normalmente, se buscarmos nosso próprio benefício, sem pensar de posições dos outros, haverá muitos atos de grosseria cometidos. Por exemplo, quando falamos no telefone, nós também temos uma etiqueta para manter. Se ligamos tarde da noite ou falamos ao telefone por um longo tempo com uma pessoa que está muito ocupada, causa dano a ele. Estar atrasado para compromissos ou visitar inesperadamente casa de alguém ou chegar sem avisar são exemplos de comportamento rude também.

Alguém pode pensar: "Estamos tão perto e não é o tempo de ser excessivamente formal para pensar em todas essas coisas entre nós?" Você pode ter um relacionamento muito bom e entender tudo sobre a outra pessoa. Mas ainda é muito difícil entender o coração do outro 100%. Nós podemos pensar que estamos expressando a nossa amizade com outra pessoa, mas ela poderia recebê-la de forma diferente. Portanto, devemos tentar pensar do ponto de vista do outro. Especialmente Devemos ter cuidado para não sermos descortês em relação à outra pessoa, se ela é muito próxima e agradável conosco.

Muitas vezes podemos falar palavras descuidadas ou agir negligentemente ferindo os sentimentos ou ofendendo as pessoas que estão mais próximas a nós. Agimos de forma rude para com familiares ou amigos muito próximos dessa maneira, e, finalmente, o relacionamento torna-se tenso e pode se tornar muito ruim. Além disso, algumas pessoas idosas tratam as pessoas de idades mais jovens ou aqueles em posições mais baixas de forma imprópria. Eles falam sem respeito, ou tem atitudes de comando que fazem com que os outros se sentam desconfortáveis.

Mas hoje em dia, é difícil encontrar pessoas que de todo o

coração servem seus pais, professores e idosos, a quem devemos servir, obviamente. Alguns podem dizer que os tempos mudaram, mas há algo que nunca muda. Levítico 19:32 diz: "Diante das cãs te levantarás, e honrarás a face do ancião; e temerás o teu Deus. Eu sou o Senhor."

A vontade de Deus para nós é que façamos todo o nosso dever, mesmo entre os homens. Os filhos de Deus também devem manter a lei e a ordem deste mundo não agindo de forma imprópria. Por exemplo, se causamos um tumulto em um local público, cuspimos na rua, ou violamos as leis de trânsito, é agir de forma imprópria para com muitas pessoas. Somos cristãos que supostamente deveriam ser luz e sal do mundo, e, portanto, devemos ter muito cuidado com nossas palavras, ações e comportamentos.

Lei do Amor é o padrão definitivo

A maioria das pessoas passa a maior parte de seu tempo com outras pessoas, conhecendo, conversando, comendo e trabalhando com elas. Nesse tempo, existem muitos tipos de etiqueta cultural em nossas vidas cotidianas. Mas todos tem um grau diferente de educação, e as culturas são diferentes em diferentes países e entre raças diferentes. Então, qual deve ser o padrão em nossos costumes?

É a lei do amor que está em nosso coração. A lei de amor refere-se à lei de Deus, que é o próprio amor. Ou seja, na medida em que imprimimos a palavra de Deus em nossos corações e a praticamos, teremos as atitudes do Senhor, e não agiremos de forma imprópria. Outro significado da lei do amor é a 'consideração'.

Um homem foi realizando seu caminho através de uma noite escura com uma lâmpada na mão. Outro homem estava indo em seu caminho na direção oposta, e quando viu esse homem com a lâmpada, percebeu que ele era cego. Então, ele perguntou por que ele estava carregando uma lâmpada embora não pudesse ver. Então o homem disse: "É que assim você não iria bater em mim." Esta lâmpada é para você. "Podemos sentir algo sobre a consideração desta história."

Considerar os outros, embora pareça trivial, tem o grande poder de mover os corações das pessoas. Atos impróprios vêm de desconsideração aos outros, o que significa que há uma falta de amor. Se realmente amamos os outros, seremos sempre atenciosos com eles e não agiremos de forma imprópria.

Na agricultura se for feito a remoção de muitas frutas de qualidade inferior entre todas as frutas, aquelas cultivadas terão todos os nutrientes disponíveis e assim terão cascas excessivamente grossas e seu sabor não vai ser bom. Se não formos atenciosos com os outros, no momento em que podemos ser capaz de desfrutar de todas as coisas que estão disponíveis, nos tornaremos pessoas de mau gosto e de pele grossa, como os frutos que são subnutridos.

Portanto, assim como diz Colossenses 3:23: "E tudo quanto fizerdes, fazei-o de todo o coração, como ao Senhor, e não aos homens", devemos servir a todos com maior respeito da mesma forma que servimos ao Senhor.

7. O amor não busca seu bem próprio

Neste mundo moderno, não é difícil encontrar egoísmo. As pessoas procuram o seu próprio benefício e não o bem público. Em alguns países, eles colocam substâncias químicas nocivas no leite em pó destinado a bebês. Algumas pessoas causam um grande dano ao seu próprio país roubando tecnologia que é muito importante para o país.

Devido ao problema "não no meu quintal", é difícil para o governo construir instalações públicas, tais como aterros sanitários ou crematórios públicos. As pessoas não se preocupam com o bem de outras pessoas, mas apenas sobre o seu próprio bem-estar. Embora não seja tão extrema como estes casos, também podemos encontrar muitos atos egoístas em nossas vidas cotidianas.

Por exemplo, alguns colegas ou amigos vão comer juntos. Eles têm de escolher o que comer, e um deles insiste no que ele tem que comer. Outra pessoa segue o que esta pessoa quer, mas ela não está confortável com isso por dentro apesar da outra pessoa sempre pedi a opinião do outro em primeiro lugar. Então, se ela gosta do tipo de comida que os outros escolheram, ela sempre come com alegria. Em qual categoria você pertence?

Um grupo de pessoas estava se reunindo para se preparar para um evento. Elas tinham varias opiniões diferentes disponíveis. Uma pessoa tenta persuadir os outros até que outra pessoa concorde com ela. Outra pessoa não insiste muito em sua opinião, mas como ela não gosta da opinião da outra pessoa, ela mostra relutância, mas aceita.

Ainda outra pessoa ouve os outros sempre que dão suas opiniões. E, mesmo se a sua ideia é diferente da delas, tenta segui-lo. Essa diferença vem da quantidade de amor que cada um tem em seu coração.

Se houver um conflito de opiniões que leva a brigas ou discussões, é porque as pessoas estão buscando seu próprio bem, insistindo apenas em suas próprias opiniões. Se um casal casado insiste apenas em suas próprias opiniões, eles constantemente terão confrontos e não serão capazes de entender um ao outro. Eles podem ter paz se produzir e compreender um ao outro, mas a paz é frequentemente quebrada, pois cada um insistiu em suas próprias opiniões.

Se amamos alguém, iremos cuidar dessa pessoa mais do que de nós mesmos., vamos considerar o amor dos pais. A maioria dos pais pensam em seus filhos em primeiro lugar, em vez de pensar em si mesmos. Assim, as mães preferem ouvir "Sua filha é tão bonita", do que "Você é bonita."

Ao invés de comerem uma deliciosa comida, elas se sentem mais felizes quando seus filhos comem bem. Ao invés delas vestirem boas roupas, elas se sentem mais felizes em vestir seus filhos com roupas boas. Além disso, elas querem que seus filhos sejam mais inteligentes do que elas mesmos e querem que seus filhos sejam reconhecidos e amados por outros. Se dermos esse tipo de amor aos nossos vizinhos e todos os outros, quão contente Deus, o Pai estará conosco!

Abraham procurava benefício dos outros com amor

Colocar os interesses dos outros à frente do nosso próprio vem do amor sacrificial. Abraão é um bom exemplo de uma pessoa que procurou o benefício dos outros antes do próprio.

Quando Abraão estava deixando sua cidade natal, seu sobrinho Ló o seguiu. Ló também recebeu grandes bênçãos, graças a Abraão e ele tinha tantos animais que não havia água suficiente para alimentar tantos rebanhos e manadas de Abraão e Ló. Às vezes, os pastores de ambas as partes brigavam.

Abraão não queria que a paz fosse quebrada, e ele deu a Ló o direito de escolher primeiro que lado da terra que ele queria e ele partiria para o outro. A parte mais importante de cuidar dos rebanhos é a grama e a água. O lugar que eles estavam não tinha grama e água suficiente para todos os rebanhos, e para produzir o melhor da terra foi, em certo sentido o mesmo que dar o que era necessário para a sobrevivência.

Abraão teve tanta consideração de Ló, porque Abraão o amava muito. Mas Ló realmente não entendeu esse amor de Abraão, ele apenas escolheu a melhor terra, o vale do Jordão e partiu. Abraão podia se sentir desconfortável vendo Ló imediatamente escolhendo sem qualquer hesitação o que era bom para ele? Nem um pouco! Ele estava feliz que seu sobrinho tomou a boa terra.

Deus viu esse bom coração de Abraão, e abençoou-o ainda mais por onde passava. Ele se tornou um homem tão rico que ele era respeitado até pelos reis da região. Como ilustrado aqui, certamente iremos receber as bênçãos de Deus se buscarmos o benefício de outras pessoas em primeiro lugar e não a nosso próprio.

Se dermos algo nosso para nossos entes queridos, a alegria será maior do que qualquer outra coisa. É um tipo de alegria que só quem já deu algo muito precioso para os seus entes queridos pode entender. Jesus se alegra nisso. Esta felicidade maior pode ser possuída quando cultivamos o amor perfeito. É difícil dar a aqueles que odiamos, mas não é difícil em tudo para dar a aqueles a quem amamos, ficaríamos felizes em dar.

Para desfrutar da maior felicidade

O perfeito amor nos permite desfrutar a maior felicidade. E para ter o amor perfeito como Jesus, nós temos que pensar nos outros antes de nós mesmos. Ao invés de nós mesmos, nossos vizinhos, Deus, o Senhor, e a igreja devem ser a nossa prioridade, e se fizermos isso, Deus cuida de nós. Ele nos dá de volta algo melhor quando buscamos o benefícios de outras pessoas. No céus serão armazenados nossas recompensas celestiais. É por isso que Deus diz em Atos 20:35, "É mais abençoado dar do que receber."

Aqui, devemos ser claros sobre uma coisa. Nós não devemos causar problemas de saúde para nós mesmos, trabalhando fielmente para o reino de Deus, além do limite de nossa força física. Deus aceitará o nosso coração se tentarmos ser fiéis além de nossas limitações. Mas o nosso corpo físico precisa de descanso. Devemos também cuidar da prosperidade de nossa alma com a oração, o jejum, e aprendendo a Palavra de Deus, não apenas a trabalhando para a igreja.

Algumas pessoas causam prejuízo ou mal para os membros da família ou de outras pessoas, gastando muito tempo em atividades religiosas ou igreja. Por exemplo, algumas pessoas não podem exercer as suas funções corretamente em um trabalho porque estão jejuando. Alguns alunos podem negligenciar seus estudos para participar de atividades escolares de domingo.

Nos casos acima, eles podem pensar que não buscam o seu próprio benefício, porque ainda estão trabalhando duro, mas, não é verdade. Apesar do fato de que eles trabalham para o Senhor, eles não estão sendo fiéis na casa de Deus e, portanto, isso significa que não cumpriram o dever de todo filho de Deus. Afinal de contas, eles só buscaram o seu próprio benefício.

Agora, o que devemos fazer para evitar a busca de nosso próprio benefício, em todas as coisas? Temos que confiar no Espírito Santo. O Espírito Santo, que é o coração de Deus, leva-nos a verdade. Nós podemos viver somente para a glória de Deus se fizermos tudo com a orientação do Espírito Santo, assim como o apóstolo Paulo disse: "Portanto, quer comais quer bebais, ou façais outra qualquer coisa, fazei tudo para glória de Deus" (1 Coríntios 10:31).

Para ser capaz de fazer como acima, temos que lançar fora o mal do nosso coração. Além disso, se cultivarmos o amor verdadeiro em nosso coração, a sabedoria de Deus virá sobre nós para que possamos discernir a vontade de Deus em cada situação. Como dito acima, se a nossa alma prospera, tudo irá bem conosco e seremos saudáveis, para que possamos ser fiéis a Deus na maior extensão. Também seremos amados por nossos vizinhos e familiares.

Quando recém-casados vem para receber a minha oração abençoadora, eu sempre oro para que eles busquem o benefício um do outro em primeiro lugar. Se eles começam a procurar o seu próprio beneficio, não serão capazes de ter uma família pacífica. Podemos buscar o benefício daqueles a quem amamos ou aqueles que podem ser de proveito para nós. Mas como sobre aqueles que nos dão problemas em todos os assuntos e sempre seguem seus próprios benefícios? E, o que dizer daqueles que infligir dano ou nos levam a sofrer danos, ou aqueles que não podem fornecer qualquer benefício para nós? Como podemos agir para aqueles que atuam na mentira e falam palavras de mal o tempo todo?

Nesses casos, se nós apenas evitá-los ou se não estamos dispostos a sacrificar por eles, isso significa que ainda buscamos nosso próprio bem. Devemos ser capazes de nos sacrificar e dar lugar mesmo para aquelas pessoas que têm ideias diferentes do que a nossa. Só então poderemos ser considerados pessoas que dão amor espiritual.

8. O amor não é provocador

O amor faz o coração dos homens positivo. Por outro lado, a raiva faz o coração negativo. A raiva machuca o coração e o torna escuro. Então, se você fica com raiva, não poderá viver no amor de Deus. As principais armadilhas que o inimigo diabo e satanás criam ante os filhos de Deus são o ódio e a raiva.

Ser provocador não é apenas ficar com raiva, gritando, xingando, e se tornando violento. Se o seu rosto se torna distorcido, se as cores do seu rosto mudam, e se o seu modo de falar torna-se abrupto, é tudo parte de atuar em provocação. Embora a magnitude seja diferente em cada caso, ainda é a expressão externa do ódio e sentimentos maus no coração. Mas, em seguida, apenas por ver a sua aparência, não devemos julgar ou condenar os outros pensando que ele está com raiva. Não é fácil para qualquer um entender exatamente o coração de outra pessoa.

Jesus uma vez afastou aqueles que estavam vendendo coisas no templo. Os comerciantes montaram mesas e dinheiro era trocado ou gado vendido para as pessoas que vinham ao templo de Jerusalém para celebrar a páscoa. Jesus tão gentil, não brigou ou gritou, e ninguém ouvia sua voz nas ruas, mas vendo esta cena, sua atitude foi muito diferente do habitual.

Ele fez um chicote de cabo e expulsou as ovelhas, vacas, e outros sacrifícios. Ele derrubou as mesas dos trocadores de dinheiro e vendedores de pomba. Quando as pessoas ao seu redor viram esse Jesus, elas podem ter pensado que ele estava com raiva. Mas, neste momento, não é que ele estava com raiva por causa de alguns maus sentimentos como ódio, ele só tinha indignação e por sua justa indignação, ele deixou-nos saber que a injustiça de profanar o templo de Deus não pode ser tolerada. Esse tipo de indignação é o resultado do amor de Deus, que aperfeiçoa o amor com a sua justiça.

Diferença entre justa indignação e a raiva

Em Marcos, capítulo 3, no sábado, Jesus curou um homem na sinagoga que tinha uma mão atrofiada. Pessoas assistiram Jesus para verem se ele curaria uma pessoa no sábado, para que pudessem acusá-lo de violar o sábado. Neste momento, Jesus conhecia os corações das pessoas e perguntou: "É lícito no sábado fazer bem, ou fazer mal? Salvar a vida ou matar?" (Marcos 3:4)
Suas intenções foram reveladas, e não tiveram mais palavras para falar. A ira de Jesus foi em direção a seus corações endurecidos.

E, olhando para eles em redor com indignação, condoendo-se da dureza do seu coração, disse ao homem: Estende a tua mão. E ele a estendeu, e foi-lhe restituída a sua mão, sã como a outra (Marcos 3:5).

Naquela época, as pessoas más apenas tentaram condenar e matar Jesus, que estava fazendo apenas boas obras. Então, às vezes, Jesus usou expressões fortes para eles. Era para perceberam e desviarem do caminho da destruição. Da mesma forma, a justa indignação de Jesus foi derivado do seu amor. Essa indignação às vezes provocou as pessoas e os levaram para a vida. É desta forma que o ser provocado e ter indignação são completamente diferentes. Somente quando nos tornamos santificados e não temos pecados, suas repreensões e reprovas dão vida às almas. Mas, sem a santificação do coração, não se pode ter este tipo de fruto.

Existem várias razões por que as pessoas ficam com raiva. Em primeiro lugar, é porque as ideias das pessoas e o que elas desejam são diferentes umas das outras. Todas têm histórico familiar e educação diferente, então seus corações, pensamentos e o padrão de julgamento são todos diferentes uns dos outros. Mas eles tentam fazer com que os outros se encaixam as suas próprias ideias e, nesse processo, eles passam a ter ressentimentos.

Suponha que o marido goste da comida salgada, enquanto a mulher não. A mulher pode dizer: "O sal em excesso não é bom para sua saúde, e você deveria consumir um pouco menos de sal." Ela dá um conselho para a saúde do seu marido. Mas, se o marido não quer, ela não deve insistir nisso. Eles devem encontrar uma maneira para ambos se renderam um ao outro. Eles podem criar uma família feliz quando tentam juntos.

Em segundo lugar, uma pessoa pode ficar com raiva quando os outros não a escutam. Se ela é mais idosa ou em uma posição superior, irá querer que os outros o obedeçam. Claro, é certo respeitar os idosos e obedecer aqueles que estão em posições de liderança na hierarquia, mas não é certo para estas pessoas forçarem aquelas que estão em posições mais baixas lhe obedecerem, também.

Há casos em que uma pessoa que é mais elevada não ouve aos subordinados, mas quer apenas que eles sigam suas palavras incondicionalmente. Em outros casos, as pessoas ficam com raiva quando elas sofrem uma perda ou são tratados de forma injusta. Além disso, pode-se ficar com raiva quando as pessoas se ressentem sem nenhuma causa, ou quando as coisas não são feitas como ela pediu, como foi instruído, ou quando as pessoas o amaldiçoam ou o insultam.

Antes de ficarem com raiva, as pessoas já têm um sentimento mal-humorado primeiro em seus corações. Palavras ou ações dos outros estimulam tais sentimentos delas. Eventualmente, o sentimento agitado se torna em raiva. Normalmente, tendo essa sensação de mau humor é o primeiro passo para ficar com raiva. Nós não poderemos viver no amor de Deus e nosso crescimento espiritual é seriamente prejudicado se ficamos com raiva.

Nós não podemos mudar a nós mesmos com a verdade, enquanto tivermos maus sentimentos, temos que parar de ser provocadores, e rejeitar própria raiva. 1 Coríntios 3:16 diz: "Não sabeis que sois santuário de Deus e que o Espírito de Deus habita em vós?"

Vamos entender que o Espírito Santo está levando o nosso coração como o templo e que Deus está sempre nos observando, de modo que não seremos provocados apenas porque algumas coisas não estão de acordo com nossas próprias ideias.

A Ira do homem não produz a justiça de Deus

No caso de Eliseu, ele recebeu uma porção dupla de seu professor, o espírito de Elias, e realizou mais obras do poder de

Deus. Ele deu a uma mulher estéril a bênção da concepção, ele reviveu um morto, curou os leprosos, e derrotou um exército inimigo. Ele mudou a água não potável em água de boa qualidade, colocando sal. No entanto, ele morreu de uma doença, o que era uma raridade para um grande profeta de Deus.

O que poderia ser o motivo? Foi quando ele estava subindo a Betel. Um grupo de jovens rapazes saíram da cidade, e zombavam dele, pois ele não tinha muito cabelo e sua aparência não era favorável. "Sobe, calvo; sobe, calvo!" (2 Reis 2:23)

Não apenas um casal, mas muitos rapazes seguiram e zombaram de Eliseu, e ele estava envergonhado. Ele aconselhou-os e repreendeu-os, mas eles não quiseram ouvir. Eles eram tão teimosos e foi um tempo difícil e insuportável para Eliseu.

Betel era como a casa-terra de idolatria no norte de Israel depois da divisão da nação. Os rapazes nessa área devem ter tido corações endurecidos devido ao ambiente de adoração a ídolos. Eles podem ter bloqueado a estrada, cuspirem em Eliseu, ou mesmo atiraram pedras contra ele. Eliseu finalmente os amaldiçoou. Duas ursas saíram do bosque e mataram quarenta e dois de seu número.

Claro, eles trouxeram sobre si próprios por zombarem de um homem de Deus além do limite, mas isso prova que Eliseu tinha maus sentimentos. Não é irrelevante o fato de que ele morreu de uma doença. Podemos ver que não é adequado para que os filhos de Deus sejam provocados. "Porque a ira do homem não produz a justiça de Deus" (Tiago 1:20).

Não ser provocado

O que devemos fazer para não ficar com raiva? Será que temos de pressioná-la para baixo ou ter autocontrole? À medida que empurramos uma mola dura, ela adquire grande força de rebote que brota no momento em que tiramos a mão. É o mesmo que obter a raiva. Basta pressioná-la para baixo que pode ser capaz de evitar o conflito no momento, mas que acabará por explodir, mais cedo ou mais tarde. Portanto, não se irrite, temos que nos livrar do sentimento da própria raiva. Não devemos apenas pressiona-la, mas mudar a nossa raiva em bondade e amor, para que não tenhamos que pressionar nada.

Claro, não podemos lançar fora todos os maus sentimentos durante a noite e substituí-los com bondade e amor. Precisamos tentar constantemente dia a dia. Na primeira, em uma situação provocante, temos que deixar a situação para Deus e ser paciente. Dizem que no estudo de Thomas Jefferson, o terceiro presidente dos Estados Unidos, estava escrito: "Quando zangado, conte até dez antes de falar;. Se muito irritado, até cem." Um provérbio coreano diz que "três vezes tendo paciência pode parar um assassinato."

Quando irritados, devemos recuar e pensar sobre que tipo de benefícios isso traria para nós se ficarmos irritados. Então, nós não fazemos nada, lamentamos e nos envergonhamos. Quando tentamos ser pacientes com orações e ajuda do Espírito Santo, iremos em breve lançar fora a sensação do mal da própria raiva. Se temos raiva dez vezes antes, irá reduzir o número para nove e, em seguida, oito e assim por diante. Mais tarde, só teremos paz, mesmo em uma situação provocante. Quão felizes nós seremos então! Provérbios 12:16 diz: "A ira do insensato é conhecido de uma vez, mas o homem prudente encobre a desonra", e Provérbios 19:11 diz, "A discrição do homem fá-lo tardio em irar-se, e sua glória está em esquecer ofensas."

A 'raiva' esta muito próxima do 'perigo'. Podemos ser capazes de perceber o quanto é perigoso ficar com raiva. O vencedor final será aquele que perseverar. Algumas pessoas exercem o autocontrole quando na igreja, mesmo em situações que podem fazê-las terem raiva, mas elas podem facilmente ter raiva em casa, escolas ou locais de trabalho. Deus não existe apenas na igreja.

Ele conhece o nosso sentar e levantar, e cada palavra que dizemos e cada pensamento que temos. Ele nos assiste em todos os lugares, e o Espírito Santo habita em nosso coração. Portanto, temos que viver como se estivéssemos diante de Deus o tempo todo.

Certo casal estava tendo uma discussão, e que o marido irritado gritou com sua esposa para ela calar a boca. Ela estava tão chocada que não abriu a boca para falar novamente até que ela morreu. O marido, que jogou seu acesso de raiva contra esposa, bem como a esposa sofreu muito. Ser provocador pode fazer muitas pessoas sofrem, e devemos nos esforçar para se livrar de todos os tipos de maus sentimentos.

9. O amor não leva em conta a afronta sofrida

Na condução de meu ministério, me deparei com uma grande variedade de pessoas. Algumas pessoas sentem as emoções do amor de Deus apenas pensando sobre ela e começam a derramar lágrimas, enquanto outras têm problemas em seus corações, porque elas não sentem profundamente o amor de Deus em seus corações, embora eles acreditem nele, e o amam.

A medida que sentimos o amor de Deus depende da medida em que deixamos de lado os pecados e a maldade. Na medida em que vivemos pela Palavra de Deus e lançamos fora o mal do nosso coração, podemos sentir o amor de Deus no fundo de nosso coração, sem ter uma interrupção no crescimento da nossa fé. Às vezes podemos encontrar dificuldades na marcha da fé, mas nesses tempos temos que se lembrar do amor de Deus que está esperando por nós o tempo todo. Enquanto nos lembramos de seu amor, não vamos levar em conta a afronta sofrida.

Levando-se em conta a afronta sofrida

Em seu livro Cura da vida, Vícios ocultos, Dr. Archibald D. Hart, um ex-reitor da Escola de Psicologia no Seminário Teológico Fuller, disse que um em cada quatro jovens da América está em grave depressão, e que a depressão, drogas, sexo, internet, consumo de álcool e tabagismo está arruinando a vida dos jovens.

Quando viciados pararam de usar substâncias que alteram o

pensamento, sentimentos e comportamentos, eles podem ficar com pouca ou nenhuma capacidade de enfrentamento. O viciado pode recorrer a outros comportamentos de dependência que podem manipular a química do cérebro. Estes comportamentos de dependência podem incluir sexo, amor e relacionamento (SAR). Eles não podem obter a verdadeira satisfação em nada, e nem podem sentir a graça e a alegria que vem do relacionamento com Deus e, assim, eles estarão com séria enfermidade, de acordo com Dr. Hart. O vício é uma tentativa de obter a satisfação de outras coisas do que a graça e a alegria dada por Deus, e é resultado de ignorar Deus. Um viciado basicamente pensa em um mal sofrido o tempo todo.

Agora, o que é uma injustiça sofrida? Refere-se a todas as coisas más, que não estão de acordo com a vontade de Deus. Pensar no mal geralmente pode ser classificado em três tipos.

O primeiro é o pensamento de que você quer que algo de errado com as outras pessoas.
Por exemplo, digamos que você teve uma briga com alguém. Então, você o odeia tanto que você pensa assim: "Eu gostaria que ele tropeçasse e caísse." Além disso, vamos dizer que você não tem um bom relacionamento com um vizinho, e algo de ruim aconteceu com ele. Então, você pensa: "Bom para ele!" Ou "eu sabia que isso iria acontecer!" No caso de estudantes, um determinado aluno pode querer que um colega não fosse bem em um exame.
Se você tem o amor verdadeiro, nunca vai pensar coisas más

como essas. Você gostaria que os seus entes queridos ficassem doentes ou se envolvessem em um acidente? Você sempre vai desejar que sua querida esposa ou marido esteja sempre saudável e livre de quaisquer acidentes. Pelo fato de não termos amor em nossos corações, desejamos algo de errado com os outros, e nos alegramos com a infelicidade deles.

Além disso, queremos saber das iniquidades ou pontos fracos de outras pessoas e espalhar isso se não tivermos amor. Suponha que você foi a uma reunião e alguém lá estava dizendo algo ruim sobre outra pessoa. Se você está interessado em tal conversa, então, deve verificar o seu coração. Se alguém estava difamando seus pais, você gostaria de continuar a ouvi-la? Você poderia dizer-lhe para parar com isso imediatamente.

Claro, há momentos e casos em que você tem que saber a situação de outros, porque você quer ajudar essas pessoas. Mas se isso não for o caso e se você ainda estiver interessado em ouvir sobre as coisas ruins dos outros, é porque você tem o desejo de calúnias e fofocas sobre os outros. "Aquele que encobre a transgressão busca a amizade, mas o que revolve o assunto separa os maiores amigos" (Provérbios 17:9).

Aqueles que são bons e têm amor em seus corações vão tentar cobrir a falha dos outros. Além disso, se tivermos amor espiritual, não ficaremos com ciúmes ou inveja quando outros são prósperos. Iremos apenas querer que eles sejam bem sucedidos e amados por outros. O senhor Jesus nos disse para amar até os nossos inimigos. Romanos 12:14 também diz: "Abençoai os que vos perseguem, abençoai e não amaldiçoeis."

O segundo aspecto do mau pensamento é o pensamento de julgar e condenar os outros. Por exemplo, suponha que você viu outro cristão indo para um lugar onde os cristãos não devem ir. Então, que tipo de pensamentos que você teria? Você pode ter opinião negativa sobre ele, na medida em que você tem o mal, pensando, 'Como é que ele pode estar fazendo isso?' Ou, se você tem alguma bondade, você pode se perguntar: "Por que ele iria para tal lugar?", Mas depois, você muda seus pensamentos e pensa que ele deve ter um motivo para fazê-lo.

Mas se você tem amor espiritual em seu coração, não terá qualquer tipo de maus pensamentos em primeiro lugar. Mesmo se você ouvir algo que não é bom, não irá julgar ou condenar essa pessoa, a menos que você cheque os fatos. Na maioria dos casos, quando os pais ouvem algumas coisas ruins sobre os seus filhos, como eles reagem? Eles não aceitam facilmente, e insistem em que seus filhos não fariam tais coisas. Eles acham que a pessoa que está dizendo essas coisas é má. Da mesma forma, se você realmente ama alguém, vai tentar pensar nele da melhor maneira possível.

Mas, hoje, vemos que as pessoas pensam mal dos outros e dizem coisas ruins sobre eles com tanta facilidade. Não é feito apenas nas relações pessoais, mas também criticam aqueles que estão em cargos públicos.

Eles nem sequer tentam ver a cena inteira, como é que realmente aconteceu, e ainda espalham boatos infundados. Devido às respostas agressivas na internet, algumas pessoas até mesmo cometem suicídio. Eles simplesmente julgam e condenam os outros com seus próprios padrões e não com a Palavra de Deus. Mas qual é a boa vontade de Deus?

Tiago 4:12 nos adverte: "Há apenas um Legislador e Juiz, aquele que pode salvar e destruir, mas quem és tu, que julgas o próximo?" Só Deus pode realmente julgar. Ou seja, Deus nos diz que é mal julgarmos o próximo. Suponha que alguém claramente fez algo errado. Nesta situação, para aqueles que têm amor espiritual não é importante saber se essa pessoa é certa ou errada no que ele fez. Ele apenas pensa no que é realmente benéfico para essa pessoa. Eles só querem que a alma dessa pessoa seja próspera e que ele seja amado por Deus.

Além disso, o amor perfeito não é apenas cobrir a transgressão, mas também ajudar a outra pessoa a ser capaz de se arrepender. Também devemos ser capazes de ensinar a verdade e tocar o coração da pessoa para que ele possa seguir o caminho certo e mudar a si mesmo. Se tivermos o perfeito amor espiritual, não temos que tentar olhar para a pessoa com bondade. Nós, naturalmente, amaremos, mesmo uma pessoa com muitas transgressões. Iremos apenas querer confiar nele e ajudá-lo. Se não temos qualquer pensamento de julgamento ou condenação dos outros, seremos felizes com quem nos encontrarmos.

O terceiro aspecto é todos os pensamentos que não estão de acordo com a vontade de Deus.

Não ter apenas alguns maus pensamentos sobre os outros, mas também ter qualquer pensamento que não está de acordo com a vontade de Deus é o pensamento do mal. No mundo, as pessoas que vivem por padrões morais e de acordo com a consciência dizem estar vivendo na bondade.

Mas nem a moralidade nem a consciência podem ser o padrão

absoluto de bondade. Ambos têm muitas coisas que são contrárias ou completamente opostas a Palavra de Deus. Somente a Palavra de Deus pode ser o padrão absoluto de bondade.

Aqueles que aceitam o senhor confessam que são pecadores. As pessoas podem ter orgulho de si mesmos, pelo fato de que estejam vivendo uma vida boa e moral, mas eles ainda são maus e eles ainda são pecadores de acordo com a Palavra de Deus. É porque qualquer coisa que não está de acordo com a Palavra de Deus é o mal e o pecado, e a palavra de Deus é o único padrão absoluto de bondade (1 João 3:4).

Então, qual é a diferença entre pecado e o mal? Em um sentido amplo, o pecado e o mal são ambos a mentira que é contra a verdade que é a Palavra de Deus. Eles são trevas, que está em oposição a Deus, que é a luz.

Mas entrando em um maior detalhe, eles são bastante diferentes um do outro. Para comparar esses dois com uma árvore, o "mal" é como a raiz que está no chão e não é visível, e "pecado" é como os ramos, folhas e frutas.

Sem uma raiz, uma árvore não pode ter galhos, folhas ou frutos. Da mesma forma, o pecado é realizado por causa do mal. O mal é a natureza que está em seu coração. É a natureza que é contra a bondade, o amor e a verdade de Deus. Quando esse mal se manifesta de uma forma específica, é referido como o pecado.

Jesus disse: "O homem bom, do bom tesouro do seu coração tira o bem, e o homem mau, do mau tesouro do seu coração tira o mal, porque da abundância do seu coração fala a boca" (Lucas 6:45).

Suponha que uma pessoa está dizendo algo que está

prejudicando alguém a quem ele odeia. Isto é, quando o mal no seu coração se manifesta como 'ódio' e 'palavras más', que são pecados específicos. Um pecado é realizado em especifico acordo com o padrão chamado a palavra de Deus, que é o mandamento.

Sem uma lei ninguém pode punir ninguém, porque não existe um padrão de discernimento e julgamento. Da mesma forma, o pecado é revelado, desde que é contra o padrão da palavra de Deus. O pecado pode ser classificado como coisas da carne e obras da carne. Coisas da carne são pecados cometidos no coração e pensamentos, como o ódio, a inveja, o ciúme, a mente adúltera, enquanto que as obras da carne são pecados cometidos em ação, como brigas, acesso de raiva, ou assassinato.

É algo semelhante com os pecados ou crimes deste mundo que são também classificados em diferentes pecados. Por exemplo, dependendo contra quem é cometido um crime, pode ser contra uma nação, um povo ou um indivíduo.

Mas mesmo que a pessoa tenha o mal em seu coração, não é certo que ele irá cometer pecados. Se ele ouve a Palavra de Deus e tem o autocontrole, pode evitar a cometer pecados mesmo que ele tenha algum mal em seu coração. Nesta fase, ele pode apenas estar satisfeito pensando que já realizou a santificação só porque ele não comete pecados evidentes.

Para se tornar completamente santificado, no entanto, temos que nos livrar do mal que é colocado em nossa natureza, que esta no profundo do nosso coração. Na natureza da pessoa está contida mal herdado de seus pais. Geralmente não é revelada em situações simples mas surgirão numa situação extrema.

Um ditado coreano diz: "Todos pularão o muro de um vizinho

se estiveram famintos por três dias." É a mesma coisa que "A necessidade não reconhece nenhuma lei." Ao menos que estejamos completamente santificados, o mal que esta escondido pode ser revelado em um uma situação extrema. Apesar de extremamente pequeno, o excremento de moscas ainda é um excremento. Da mesma forma, mesmo que pensamos que eles não são pecados, todas as coisas que não são perfeitas aos olhos do Deus perfeito são as formas do mal, afinal. É por isso que 1 Tessalonicenses 5:22 diz: "... abster-se de toda forma de mal."

Deus é amor. Basicamente, os mandamentos de Deus podem ser condensados em 'amor.' Ou seja, é mau e ilegal não amar. Portanto, para verificar se estamos levando em conta as afrontas sofridas, podemos pensar quanto amor temos em nós. Na medida em que amamos a Deus e as outras almas, não vamos levar em conta uma afronta sofrida.

Este é o seu mandamento: que creiamos no nome de Seu Filho Jesus Cristo, e nos amemos uns aos outros, como Ele nos mandou (1 João 3:23).

O amor não faz mal ao próximo. De sorte que o cumprimento da lei é o amor (Romanos 13:10).

Não levar em conta uma afronta sofrida

Não levar em conta a afronta sofrida, acima de tudo, não devemos mesmo ver ou ouvir coisas más. Mesmo se acontecer de você ver ou ouvir, devemos tentar não lembrar ou pensar sobre isso novamente. Devemos tentar não lembrar. Claro que, às vezes não somos capazes de controlar nossos próprios pensamentos. Um pensamento em particular pode surgir mais forte quando tentamos não pensar nele. Mas à medida que continuamos tentando não ter maus pensamentos com orações, o Espírito Santo irá nos ajudar. Nunca devemos intencionalmente ver, ouvir ou pensar em coisas más, e, além disso, devemos lançar fora até mesmo os pensamentos que aparecem pela nossa mente momentaneamente. Não devemos participar de qualquer obra do mal, também. 2 João 1:10-11 diz: "Se alguém vem ter convosco, e não traz esta doutrina, não o recebais em casa, nem tampouco o saudeis. Porque quem o saúda tem parte nas suas más obras." É Deus nos aconselhando a evitar o mal e não aceitá-lo.

Os homens herdam a natureza pecaminosa de seus pais. Enquanto vivemos neste mundo, as pessoas entram em contato com tantas mentiras. Baseado nessa natureza pecaminosa e mentiras, uma pessoa desenvolve seu caráter pessoal ou 'eu'. A vida cristã é para lançar fora essa natureza pecaminosa e as mentiras a partir do momento em que aceitamos o Senhor. Para lançar fora esta natureza pecaminosa e as mentiras, precisamos de uma grande dose de paciência e esforço. Porque vivemos neste mundo, e estamos mais familiarizados com a mentira ao invés da verdade. É relativamente mais fácil aceitar a mentira e colocá-la em nós do que lançá-la fora. Por exemplo, é mais fácil tingir um vestido branco com tinta preta, mas é muito difícil remove-la e torná-lo completamente branco novamente.

Além disso, mesmo que ele se parece com um pequeno mal, pode evoluir para um grande mal em um momento. Assim como diz Gálatas 5:9, "Um pouco de fermento leveda toda a massa," um pouco de mal pode se espalhar para muitas pessoas muito rapidamente. Portanto, temos de ser cautelosos, mesmo sobre um pouco de mal. Para ser capaz de não pensar mal, temos que odiá-lo sem pensar duas vezes sobre o assunto. Deus nos ordena a "Aborrecei o mal, vocês que amam o Senhor" (Salmo 97:10), e nos ensina que "O temor do Senhor é odiar o mal" (Provérbios 8:13).

Se você apaixonadamente ama alguém, irá gostar do que a pessoa gosta e não gostar que essa pessoa não goste. Você não tem que ter uma razão para isso. Quando os filhos de Deus, que receberam o Espírito Santo, cometem pecados o Espírito Santo neles gemem. Assim, em seus corações, eles têm um sentimento de aflição. Em seguida, eles percebem que Deus odeia essas coisas que eles fizeram, e tentam não cometer pecados novamente. É importante tentar lançar fora até mesmo as pequenas formas da maldade e não aceitar mais nenhum mal.

Fornecimento da Palavra de Deus e oração

O mal é uma coisa tão inútil. Provérbios 22:8 diz: "Aquele que semeia a injustiça colherá vaidade." Doenças podem vir sobre nós ou sobre nossos filhos, ou podemos enfrentar acidentes. Podemos viver em sofrimento devido à pobreza e problemas familiares. Todos esses problemas, afinal de contas, vem do mal.

Não erreis: Deus não se deixa escarnecer, porque tudo o que o homem semear, isso também ceifará (Gálatas 6:7).

Claro, os problemas podem não aparecer imediatamente diante de nossos olhos. Neste caso, quando o mal está empilhado em certa medida, pode causar problemas que afetem nossas crianças mais tarde. Porque as pessoas do mundo não entendem esse tipo de regra, fazem muitas coisas más em muitas maneiras diferentes.

Por exemplo, eles consideram normal se vingar contra aqueles que fizeram mal a eles. Mas Provérbios 20:22 diz: "Não digas: Vingar-me-ei do mal; espera pelo Senhor, e ele te livrará."

Deus controla a vida, a morte, a sorte e o infortúnio da humanidade segundo a sua justiça. Portanto, se fizermos o bem de acordo com a Palavra de Deus, nós vamos definitivamente colher frutos de bondade. É apenas como prometido em Êxodo 20:6, que diz: "...e faço misericórdia a milhares dos que me amam e aos que guardam os meus mandamentos."

Para manter-nos longe do mal, temos que odiar o mal. E em cima disso, temos que ter duas coisas em grande quantidade o tempo todo. Que são a Palavra de Deus e a oração. Quando meditamos na Palavra de Deus dia e noite, conseguimos afastar os maus pensamentos e ter pensamentos espirituais e bons. Podemos entender que esse tipo de ato é um ato de amor verdadeiro.

Além disso, quando oramos, meditamos na palavra ainda mais profundamente, para que possamos perceber o mal em nossas palavras e ações. Quando oramos com fervor, com a ajuda do Espírito Santo, podemos governar e lançar fora o mal de nossos corações. Vamos rapidamente lançar fora o mal com a Palavra de Deus e pela oração, para que possamos viver uma vida cheia de felicidade.

10. O amor não se alegra com injustiça

Quanto mais desenvolvida a sociedade, mais chances de homens honestos terem sucesso. Já pelo contrário, os países menos desenvolvidos tendem a ter mais corrupção, e quase tudo pode ser adquirido ou feito com o dinheiro. Corrupção é chamada de doença das nações, pois está relacionado com a prosperidade do país. Corrupção e injustiça também afetam as vidas individuais, em grande escala. Pessoas egoístas não adquirem a verdadeira satisfação porque só pensam em si mesmos e não podem amar os outros.

Não se alegrar com a injustiça e não levar em conta um mal sofrido são bastante semelhantes. 'Não levar em conta que uma pessoa errada sofreu' não é ter qualquer tipo de mal no coração.'

Não se alegrar em injustiça não é estar satisfeito com a conduta vergonhosa e lamentável, ações ou comportamentos, e isso não é participar neles.

Suponha que você está com ciúmes de um amigo que é rico. Você também não gosta dele, porque parece que ele está sempre se gabando de sua riqueza. Você também pensa algo do tipo, "Ele é tão rico, e quanto a mim? Espero que ele vá à falência." Isso é pensar em coisas más. Mas um dia, alguém enganou ele, e sua empresa faliu em um dia. Aqui, se você tem prazer pensando, Ele estava se gabando de sua riqueza, bom para ele! então isso é a alegrar-se ou estar satisfeito com a injustiça. Além disso, se você participa neste tipo de obra, isso é alegrar-se ativamente na injustiça.

Existe injustiça em geral, que até mesmo os incrédulos acham que é injustiça. Por exemplo, algumas pessoas acumulam suas riquezas desonestamente enganando ou ameaçando os outros pela força. Podem quebrar as regras ou leis do país e aceitar algo em troca de seu ganho pessoal. Se um juiz dá uma sentença injusta depois de receber subornos, e um homem inocente é punido, isso é injustiça aos olhos de todos. É abusar de sua autoridade como um juiz.

Quando alguém vende algo, ele pode enganar no volume ou qualidade. Ele pode usar matérias-primas baratas e de baixa qualidade para obter lucro indevido. Eles não pensam nos outros, mas apenas em seu próprio benefício em curto prazo. Eles sabem o que é certo, mas não hesitam em enganar os outros, porque se regozijam em dinheiro injusto. Há, de fato tantas pessoas que enganam os outros para obter ganhos injustos. Mas o que dizer de nós? Podemos dizer que estamos limpos?

Suponha que algo como a seguir aconteceu. Você é um trabalhador civil e descobriu que um de seus amigos íntimos esta ganhando uma grande quantia de dinheiro ilegalmente em algum negócio. Se ele for pego, será punido severamente, e este amigo está te dando uma grande quantidade de dinheiro para você ficar quieto e ignorá-lo por um tempo. Ele diz que lhe dará uma quantia ainda maior depois. Naquele mesmo tempo, sua família está em uma emergência e você precisa de uma grande quantidade de dinheiro. Agora, o que você faria?

Vamos imaginar outra situação. Um dia, você verificou sua conta bancária, e você tem mais dinheiro do que pensou que deveria ter. Você veio, a saber, que o valor que deveria ser transferido a título de imposto não foi retirado. Neste caso, como você reagiria? Será que você se alegraria pensando que é culpa deles e não de sua responsabilidade? 2 Crônicas 19:7 diz: "Agora, pois, seja o temor do Senhor convosco; guardai-o, e fazei-o; porque não há no Senhor nosso Deus iniquidade nem acepção de pessoas, nem aceitação de suborno." Deus é justo, Ele não tem injustiça em nada. Podemos estar cobertos dos olhos das pessoas, mas não podemos enganar a Deus. Portanto, mesmo que apenas com o temor de Deus, nós temos que andar no caminho certo com honestidade.

Considere o caso de Abraão. Quando seu sobrinho em Sodoma foi capturado em uma guerra, Abraão recapturou não só seu sobrinho, mas também as pessoas que foram capturadas e suas posses. O rei de Sodoma queria mostrar o seu apreço dando em troca a Abraão algumas das coisas que ele trouxe de volta para o rei, mas Abraão não aceitou.

Abrão, porém, disse ao rei de Sodoma: "Levantei minha mão ao Senhor, o Deus Altíssimo, o Possuidor dos céus e da terra, Jurando que desde um fio até à correia de um sapato, não tomarei coisa alguma de tudo o que é teu; para que não digas: Eu enriqueci a Abrão" (Gênesis 14:22-23).

Quando sua esposa Sarah morreu, o proprietário do terreno lhe ofereceu cemitério, mas ele não aceitou. Ele apenas pagou o preço justo. Porque assim que não haveria qualquer disputa, no futuro, sobre a terra. Ele fez o que fez porque era um homem honesto, ele não quis receber qualquer ganho imerecido ou lucro injusto. Se ele buscasse dinheiro poderia ter seguido o que era rentável para ele.

Aqueles que amam a Deus e são amados por Deus nunca irão prejudicar alguém ou buscar seu próprio benefício violando a lei do país. Eles não esperam nada mais do que merecem receber através de seu trabalho honesto. Os que se alegram com a injustiça não têm amor a Deus ou para seus vizinhos.

Injustiça aos olhos de Deus

A injustiça no Senhor é um pouco diferente da injustiça no contexto geral. Não é só violar a lei e causar danos a outros, mas todo e qualquer pecado que é contra a Palavra de Deus. Quando o mal no coração surge em uma forma específica, isso é o pecado, e isso é injustiça. Entre os muitos pecados, injustiça, especialmente se refere às obras da carne.

Ou seja, o ódio, a inveja, o ciúme, e outros males no coração são realizados em ação, como briga, luta, violência, golpe, ou assassinato. A Bíblia nos diz que se fizermos a injustiça, é difícil até mesmo para ser salvo.

1 Coríntios 6:9-10 diz: "Não sabeis que os injustos não hão de herdar o reino de Deus? Não erreis: nem os devassos, nem os idólatras, nem os adúlteros, nem os efeminados, nem os sodomitas, nem os ladrões, nem os avarentos, nem os bêbados, nem os maldizentes, nem os roubadores herdarão o reino de Deus."

Acã é uma das pessoas que amava a injustiça que resultou em

sua destruição. Ele era uma segunda geração do Êxodo e desde a infância ele viu e ouviu falar sobre as coisas que Deus tinha feito por seu povo. Ele viu a coluna de nuvem durante o dia e a coluna de fogo durante a noite que os guiou. Ele viu a inundação do rio Jordão parar de fluir e a cidade invencível de Jericó cair em um estante. Ele também sabia muito bem sobre o comando de Josué, o líder, que ninguém tomasse qualquer das coisas que estavam na cidade de Jericó, pois eles iriam ser oferecidos a Deus.

Mas no momento em que ele viu as coisas que estavam na cidade de Jericó, ele perdeu os sentidos devido à ganância. Depois de ter vivido uma vida seca por um longo tempo no deserto, as coisas na cidade lhe pareciam tão belas. No momento em que viu um belo manto e as peças de ouro e prata, ele esqueceu a Palavra de Deus e ao comando de Josué e escondeu tudo para ele.

Devido a este pecado de Acã por violar o mandamento de Deus, Israel sustentou muitas baixas na batalha seguinte. Foi através das perdas que a injustiça de Acã foi revelada, e ele e sua família foram apedrejados até a morte. As pedras fizeram um monte e este lugar é chamado o vale de Acor.

Além disso, procure em Números capítulo 22-24. Balaão era um homem que podia se comunicar com Deus. Um dia, Balac, rei de Moab, pediu-lhe para amaldiçoar o povo de Israel. Então, Deus disse a Balaão: "Não vá com eles, você não amaldiçoarás a este povo, porquanto é bendito" (Números 22:12).

Depois de ouvir a Palavra de Deus Balaão recusou-se a responder ao pedido do rei moabita. Mas, quando o rei lhe enviou ouro e prata e muitos tesouros, sua mente estava abalada. No final, seus olhos foram cegados pelo tesouro, e ele ensinou o rei a criar uma armadilha diante do povo de Israel. Qual foi o resultado? Os filhos de Israel comeram a comida sacrificada aos ídolos e cometeram adultério, trazendo assim sobre eles grande tribulação, e Balaão foi eventualmente morto pela espada. Foi o resultado de amar o ganho injusto.

Injustiça está diretamente relacionada com a salvação aos olhos de Deus. Se virmos irmãos e irmãs na fé em ato de injustiça, assim como os incrédulos do mundo, o que devemos fazer? É claro que temos a lamentar por eles, orar por eles e ajudá-los a viver de acordo com a Palavra. Mas alguns cristãos invejam essas pessoas a pensam: 'Eu também quero levar uma vida cristã mais fácil e confortável como eles.' Além disso, se você participa com eles, não podemos dizer que ama o Senhor.

Jesus, sendo inocente, morreu para nos trazer que somo injustos, Deus (1 Pedro 3:18). Quando percebemos esse grande amor do Senhor, nunca devemos regozijar-nos na injustiça. Aqueles que não se alegram com a injustiça, não cansam de evitar praticar a injustiça, mas vivem ativamente pela Palavra de Deus. Então, eles podem se tornar amigos do Senhor e viver vidas prósperas (João 15:14).

11. Exulta de amor com a Verdade

João, um dos doze discípulos de Jesus, foi salvo de ser martirizado e viveu até morrer de velhice, espalhando o evangelho de Jesus Cristo e a vontade de Deus para muitas pessoas. Uma das coisas que ele gostava, em seus últimos anos foi o de ouvir que os cristãos que estavam tentando viver a Palavra de Deus, a verdade. Ele disse: "Porque muito me alegrei quando os irmãos vieram, e testificaram da tua verdade, como tu andas na verdade. Não tenho maior gozo do que este o de ouvir que os meus filhos andam na verdade" (3 João 1:3-4).

Podemos ver quanta alegria ele teve a partir da expressão: 'Fiquei muito feliz'. Ele costumava ter temperamento forte, e foi chamado de filho do trovão quando era jovem, mas depois ele mudou, ele foi chamado o apóstolo do amor.

Se amarmos a Deus, não vamos praticar a injustiça e, antes, praticamos a verdade. Também nos alegraremos com a verdade. A verdade refere-se a Jesus Cristo, o evangelho e a todos os 66 livros da Bíblia. Aqueles que amam a Deus e são amados por ele definitivamente irão se alegrar com Jesus Cristo e com o evangelho. Eles se alegram quando o reino de Deus é ampliado. Agora o que quer dizer regozijando com a verdade?

Primeiro, é se alegrar com o "evangelho."

'Evangelho' são as boas novas de que somos salvos por Jesus Cristo, e iremos para o reino celestial. Muitas pessoas procuram a verdade fazendo perguntas como: 'Qual é o propósito da vida?' O que é uma vida valiosa? Para obter as respostas a essas perguntas, eles estudam ideias e filosofia, ou tentam obter as respostas através de várias religiões. Mas a verdade é Jesus Cristo, e ninguém pode ir para o céu sem Jesus Cristo. É por isso que Jesus disse: "Eu sou o caminho, e a verdade, e a vida, ninguém vem ao Pai senão por mim" (João 14:6).

Nós recebemos a salvação e ganhamos a vida eterna, ao aceitar Jesus Cristo. Nós somos perdoados de nossos pecados através do sangue do Senhor e somos movidos do inferno para o céu. Compreendemos agora o sentido da vida e viver uma vida valiosa. Portanto, é algo tão natural que nos regozijamos com o evangelho. Os que se alegram com o evangelho diligentemente os entregam para os outros também. Eles vão cumprir as suas funções dadas por Deus e trabalharão fielmente para espalhar o evangelho. Além disso, eles se alegram quando as almas ouvirem o evangelho e receberem a salvação, ao aceitar o Senhor. Eles se alegram quando o reino de Deus é ampliado. "[Deus] quer que todos os homens sejam salvos e cheguem ao pleno conhecimento da verdade" (1 Timóteo 2:4).

Há alguns crentes, no entanto, que estão com inveja dos outros, quando eles evangelizam muitas pessoas e adquirem grandes frutos. Algumas igrejas estão com inveja de outras igrejas quando outras igrejas estão crescendo e dando glória a Deus. Isso não é se alegrar com a verdade. Se tivermos amor espiritual em nossos corações, nos alegraremos quando vemos o reino de Deus sendo grandemente alcançado. Nós nos alegraremos juntos quando vemos uma igreja que está crescendo e amada por Deus. Isso é se alegrar com a verdade, que é se alegrar com o evangelho.

Em segundo lugar, para se alegrar com a verdade significa alegrar-se com tudo o que pertence à verdade.

É alegrar-se com a visão, audição, e fazendo as coisas que pertencem à verdade, como bondade, amor e justiça. Os que se alegram com a verdade são tocados e as lágrimas derramadas ao ouvir mesmo sobre pequenas boas ações. Eles confessam que a Palavra de Deus é a verdade e é mais doce que o favo de mel. Então, eles se alegram ouvindo os sermões e lendo a Bíblia. Além disso, se regozijam praticando a Palavra de Deus. Eles alegremente obedecem à Palavra de Deus que nos diz para 'servir, compreender e perdoar 'mesmo aqueles que lhes dão um jugo pesado.

Davi amava a Deus e queria construir o templo de Deus. Mas Deus não o deixou. A razão está escrito em 1 Crônicas 28:3 "Você não edificará uma casa ao meu nome, porque és homem de guerra, e tens derramado muito sangue." Era inevitável para Davi derramar sangue, porque ele foi a muitas guerras, mas aos olhos de Deus Davi não foi considerado adequado para fazer essa tarefa.

Davi não pode construir o templo, mas ele preparou todos os materiais de construção para seu filho Salomão pudesse construí-lo. Davi preparou os materiais com toda a sua força, apenas o fazendo esmagadoramente feliz. "Então o povo se alegrou porque tinham oferecido de bom grado, pois eles fizeram a sua oferta ao Senhor com todo o coração, e também o rei Davi se alegrou muito" (1 Crônicas 29:9).

Da mesma forma, os que se alegram com a verdade irão se alegrar quando outras pessoas são prosperas. Eles não estão com ciúmes. É inimaginável para eles a pensar coisas más, como, 'alguma coisa vai dar errado com essa pessoa', ou encontrar contentamento pela infelicidade de outras pessoas. Quando veem algo injusto acontecer, eles choram por causa disso. Além disso, os que se alegram com a verdade são capazes de amar com bondade, com o coração imutável e com honestidade e integridade. Eles se alegram com boas palavras e boas ações. Deus também se alegra por eles com júbilos de alegria, como afirmou em Sofonias 3:17, "O Senhor teu Deus, o poderoso, esta no meio de ti, ele salvará; ele se deleitará em ti com alegria; calar-se-á por seu amor, regozijar-se-á em ti com júbilo."

Mesmo se você não puder regozijar-se com a verdade o tempo todo, você não tem que desanimar ou se decepcionar. Se você tentar o seu melhor, o Deus de amor considera ainda esse esforço como 'alegria com a verdade.'

Em terceiro lugar, e alegrar-se com a verdade é crer na Palavra de Deus e tentar praticá-la.

É uma raridade encontrar uma pessoa que pode se alegrar com apenas a verdade desde o início. Enquanto temos trevas e falsidade em nós, podemos pensar em coisas más ou podemos alegrar com a injustiça, também. Mas quando mudamos pouco a pouco e lançar fora todo o coração mentiroso, podemos nos regozijar com a verdade completamente. Até então, temos que tentar com muito esforço.

Por exemplo, nem todo mundo se sente feliz em participar dos cultos. Em caso de novos cristãos ou aqueles com pouca fé, podem se sentir cansados, ou o seu coração pode estar em outro lugar. Eles podem se perguntar sobre os resultados de jogos de beisebol ou talvez estejam nervosos sobre a reunião de negócios que terão amanhã.

Mas o ato de ir ao santuário e participar do culto de adoração é o esforço de tentar obedecer à Palavra de Deus. É alegrar-se com a verdade. Por que agimos desta forma? É para receber a salvação e ir para o céu. Porque ouvimos a Palavra da verdade e acreditamos em Deus, também acreditamos que há julgamento, e que existe céu e o inferno. Porque sabemos que existem diferentes recompensas no céu, tentamos mais arduamente tornarmos santificados e trabalhar fielmente em toda a casa de Deus. Embora não possamos alegrarmos com a verdade 100%, se tentamos nosso melhor em nossa medida de fé, isso é se alegrar com a verdade.

Fome e sede da Verdade

Devia ser tão natural para nós alegrarmos com a verdade. Apenas a verdade nos dá a vida eterna e pode nos mudar completamente. Se ouvimos a verdade, ou seja, o evangelho, e a praticamos, vamos ganhar a vida eterna, e nos tornaremos os verdadeiros filhos de Deus. Porque estamos cheios de esperança para o reino celestial e amor espiritual, os nossos rostos vão brilhar de alegria. Além disso, na medida em que somos transformados na verdade, seremos felizes, porque somos amados e abençoados por Deus, e também amados por muitas pessoas.

Devemos nos alegrar com a verdade o tempo todo, e, além disso, devemos ter fome e sede pela verdade. Se você tem fome e sede, você sinceramente vai querer comida e bebida. Quando temos tempo para a verdade, temos que buscar por isso arduamente para que possamos nos tornar rapidamente homens verdadeiros. Temos que viver uma vida de sempre comer e beber a verdade. O que é para comer e beber a verdade? Trata-se de guardar a Palavra de Deus a verdade em nosso coração e praticá-la.

Se estamos diante de alguém que amamos tanto, que é difícil esconder a felicidade na nossa face. É a mesma coisa quando amamos a Deus. Agora mesmo, não somos capazes de estar diante de Deus face a face, mas se realmente amamos a Deus, isso irá transparecer. Ou seja, se nós apenas vemos e ouvimos algo sobre a verdade, nós estaremos contentes e felizes. Nossos rostos felizes não irão passar despercebidos pelas pessoas ao nosso redor. Iremos derramar lágrimas com ações de graças apenas por pensar em Deus e o Senhor, e o nosso coração será tocado apenas por pequenos atos de bondade.

As lágrimas que pertencem à bondade, como as lágrimas de agradecimento e lágrimas de luto por outras almas se tornarão belas joias mais tarde para decorar a casa de cada um no céu. Alegremo-nos com a verdade, para que a nossa vida seja cheia da evidência de que estamos sendo amados por Deus.

Características do amor espiritual II

6. Ele não age de forma inconveniente

7. Ele não busca seu próprio bem

8. Ele não se irrita

9. Ele não leva em conta a afronta sofrida

10. Ele não se alegra com injustiça

11. Ele se alegra com a Verdade

12. O amor suporta todas as coisas

Quando aceitamos Jesus Cristo e tentamos viver de acordo com a Palavra de Deus, existirão muitas coisas que teremos de suportar. Temos de suportar a situações de provocação. Temos também que exercer o autocontrole sobre a nossa tendência de seguir os nossos próprios desejos. É por isso que na descrição da primeira característica do amor fala sobre ser paciente.

Ser paciente é sobre a luta dentro de si mesmo que uma pessoa experimenta enquanto tenta lançar fora as mentiras do coração. Para "suportar todas as coisas" tem um significado mais amplo. Depois de cultivarmos a verdade em nosso coração pela paciência, temos que suportar todas as dores que possam surgir em nosso caminho por causa de outras pessoas. Em particular, é suportar todas as coisas que não estão em conformidade com o amor espiritual.

Jesus veio a este mundo para salvar os pecadores, e como as pessoas o trataram? Ele só fez coisas boas, e as pessoas ainda zombaram, negligenciaram e o mantiveram com desprezo. Posteriormente, eles o crucificaram. Jesus, porém, continua suportar tudo isso, para todos os povos ele ofereceu orações de intercessão por eles continuamente. Ele orou por eles, dizendo: "Pai, perdoa-lhes, porque não sabem o que fazem" (Lucas 23:34).

Qual foi o resultado de Jesus, suportar todas as coisas e amar as pessoas? Qualquer pessoa que aceita Jesus como seu salvador pessoal pode agora receber a salvação e se tornar filho de Deus. Fomos libertados da morte e transferidos para a vida eterna.

Um ditado coreano diz, "Moer um machado para fazer uma agulha." Isso significa que, com paciência e perseverança podemos realizar qualquer tipo de tarefa difícil. Quanto tempo e esforço seriam necessários para moer um machado de aço para fazer uma agulha afiada? Certamente parece uma tarefa tão impossível que alguém pode se perguntar: "Por que você não apenas vende o machado para comprar agulhas?"

Mas Deus voluntariamente assumiu tal trabalho, pois ele é o mestre do nosso espírito. Deus é tardio em irar-se, e sempre nos suporta mostrando misericórdia e bondade só porque ele nos ama. Ele corta e poli as pessoas, mesmo que seus corações estejam endurecidos, como o aço. Ele espera que alguém se torne seu verdadeiro filho, mesmo que ele não pareça ter qualquer chance de se tornar um.

Não esmagará a cana quebrada, e não apagará o morrão que fumega, até que faça triunfar o juízo (Mateus 12:20).

Ainda hoje Deus suporta todas as dores provenientes do olhar as ações das pessoas e os esperam com alegria. Ele tem sido paciente com as pessoas, esperando eles mudarem pela bondade, apesar de terem agido no mal por milhares de anos. Mesmo que tenham virado as costas para Deus e serviram os ídolos, Deus os mostrou que ele é o verdadeiro Deus e os suportou com fé. Se Deus diz: "Você está cheio de injustiça e você está desamparado. Eu não posso estar mais com você", então, quantas pessoas serão salvas? Assim como declarou em Jeremias 31:3, "Eu vos tenho amado com um amor eterno, por isso atrai-lhe com bondade," Deus nos conduz com este eterno, infinito amor.

Exercendo meu ministério como pastor de uma grande igreja, fui capaz de compreender a paciência de Deus até certo ponto. Houve pessoas que tiveram muitas iniquidades ou deficiências, mas sentindo o coração de Deus sempre olhei para eles com os olhos da fé de que um dia iriam mudar e dar glória a Deus. Como eu tenho sido paciente com eles e outra vez com fé neles, muitos membros da Igreja cresceram como bons líderes.

Cada vez que eu esquecia sobre o tempo de suporta-los, sentia que era apenas um momento. Em 2 Pedro 3:8 está registrado, "Mas não deixe que este fato escapar de sua observação, amado, que com o Senhor, um dia é como mil anos, e mil anos como um dia", e eu pude entender o que esse versículo significava. Deus tem todas as coisas por um longo tempo e ainda assim considera aqueles momentos em apenas um momento transitório. Vamos entender este amor de Deus e com ele vamos amar a todos ao nosso redor.

13. O amor tudo crê

Se você realmente ama alguém, irá acreditar em tudo dessa pessoa. Mesmo que a outra pessoa tenha algumas deficiências, você ainda vai tentar acreditar nessa pessoa. Um marido e uma esposa estão unidos pelo amor. Se um casal não tem amor, isso significa que não confiam um no outro, então eles discutem sobre todos os assuntos e têm dúvidas sobre tudo a respeito de seu cônjuge. Em casos graves têm delírios de infidelidade e provocam um ao outro a dor física e mental. Se eles realmente se amam, confiam um no outro completamente, e vão acreditar que seu cônjuge é uma pessoa boa e farão o bem eventualmente. Então, como eles acreditavam, seus cônjuges se tornam excelentes em suas áreas ou tem sucesso naquilo que fazem.

Confiança e fé pode ser um padrão para medir a força do amor. Portanto, crer em Deus completamente é amá-lo completamente. Abraão, o pai da fé, foi chamado amigo de Deus. Sem qualquer hesitação, Abraão obedeceu à ordem de Deus dizendo-lhe para fazer uma oferta de seu único filho Isaque. Ele foi capaz de fazê-lo, porque ele creu em Deus completamente. Deus viu a fé de Abraão e reconheceu seu amor.

O amor é acreditar. Aqueles que amam a Deus completamente também irão acreditar nele completamente. Eles confiam em todas as palavras de Deus 100%. E porque acreditam em todas as coisas, suportarão todas as coisas. Para suportar todas as coisas que são contra o amor, devemos acreditar. Ou seja, somente quando acreditamos em todas as palavras de Deus, podemos acreditar em todas as coisas e circuncidar nosso coração para lançar fora tudo o que é contra o amor.

Claro que, em sentido mais estrito, não é que cremos em Deus, porque o amamos desde o início. Deus nos amou primeiro, e por acreditar de fato, chegamos a amar a Deus. Como Deus nos ama? Ele sem hesitar deu o seu filho unigênito, por nós, que éramos pecadores, para abrir o caminho da nossa salvação.

No início, chegamos a amar a Deus, crendo neste fato, mas se cultivarmos o amor espiritual completamente, vamos chegar um nível em que acreditamos completamente porque o amamos. Cultivar o amor espiritual completamente significa lançar fora todas as mentiras do coração. Se não temos mentiras em nosso coração, será dado fé espiritual do alto, com a qual podemos acreditar do fundo do nosso coração. Então, não podemos nunca duvidar da Palavra de Deus, e nossa confiança em Deus nunca poderá ser abalada. Além disso, se cultivarmos o amor espiritual completamente, vamos acreditar em todos. Não porque as pessoas são confiáveis, mas mesmo quando eles estão cheios de maldades e muitas falhas, olhamos para eles com os olhos da fé.

Devemos estar dispostos a acreditar em qualquer tipo de pessoa. Temos que acreditar em nós mesmos, também. Mesmo que tenhamos muitas falhas, temos que acreditar que Deus irá nos mudar, e temos que olhar para nós mesmos com os olhos da fé que iremos logo mudar. O Espírito Santo está sempre falando em nosso coração: "Você pode fazê-lo. Vou ajudá-lo." "Se você acredita nesse amor e confessa:" Eu posso fazer, eu posso mudar, então Deus irá realizar de acordo com sua confissão e fé. Quão belo é acreditar!

Deus também acredita em nós. Ele acreditava que cada um de nós viríamos a conhecer o amor de Deus e chegarmos ao caminho da salvação. Porque ele olhou para todos nós, com os olhos da fé, generosamente sacrificou o seu filho unigênito, Jesus na cruz. Deus acredita que mesmo aqueles que não conhecem ou não acreditam no Senhor ainda serão salvos e se achegarão para o lado de Deus. Ele acredita que aqueles que já aceitaram ao Senhor serão transformados como crianças que se assemelham muito a Deus. Vamos crer que todo tipo de pessoa terá este amor de Deus.

14. O amor tudo espera

É falado que as seguintes palavras estão escritas em uma das lápides na Abadia de Westminster, no Reino Unido, "Durante minha juventude, eu queria mudar o mundo, mas não consegui. Na meia-idade tentei mudar minha família, mas não conseguiu. Só próximo a minha morte, percebi que eu poderia ter mudado todas essas coisas se eu tivesse mudado."

Normalmente, as pessoas tentam mudar outra pessoa, se não gostam de algo sobre essa pessoa. Mas é quase impossível mudar as outras pessoas. Alguns casais brigam por assuntos triviais como apertar a pasta de dente de cima ou de baixo. Devemos primeiro mudar a nós mesmos, antes de tentar mudar os outros. E então, com amor por eles, podemos esperar pelos outros mudarem, genuinamente crendo que eles vão mudar.

A esperança de todas as coisas é a ansiar e esperar por tudo o que você acredita se tornar realidade. Ou seja, se amamos a Deus, vamos acreditar em cada palavra de Deus e crer que tudo será feito de acordo com a Sua Palavra. Você está esperando pelos dias em que irá compartilhar o amor com Deus, o Pai, para sempre no belo reino celestial. É por isso que você suporta todas as coisas e corre a sua corrida de fé. Mas, e se não houver esperança?

Aqueles que não acreditam em Deus não podem ter esperança do reino celestial. É porque eles vivem apenas de acordo com seus desejos, para eles não existe esperança no futuro. Eles tentam adquirir mais coisas e lutam para preencher sua ganância. Mas não importa o quanto eles têm e aproveitem, eles não poderão obter a verdadeira satisfação. Eles vivem suas vidas com medo sobre o futuro. Por outro lado, aqueles que acreditam em Deus em todas as coisas, tomam o caminho estreito. Por que dizemos que é um caminho estreito? Isso significa que ele é estreito, à vista dos incrédulos de Deus. Quando aceitamos Jesus Cristo e nos tornamos filhos de Deus, permanecemos na igreja durante todo o dia aos domingos frequentando os cultos, sem tem qualquer forma secular de prazer. Nós trabalhamos para o reino de Deus com trabalhos voluntários e oramos para vivermos pela Palavra de Deus. Essas coisas são difíceis de fazer, sem fé, e é por isso que dizem que é um caminho estreito.

Em 1 Coríntios 15:19, o apóstolo Paulo diz: "Se esperamos em Cristo só nesta vida, somos os mais miseráveis de todos os homens." Apenas a vista carnal, a vida de suportar e trabalho duro, parecem pesado. Mas, se cremos acima de todas as coisas, esse caminho será muito mais feliz do que qualquer outro caminho. Se estamos com aqueles a quem amamos muito, seremos felizes, mesmo em uma casa pobre. E pensando no fato de que vamos viver com o amado Senhor para sempre no Céu, quão felizes nós seremos! Ficamos muito animados e felizes só de pensar nisso. Desta forma, com o verdadeiro amor que imutavelmente espera e crê, até que tudo o que acreditamos se torne realidade.

Olhar para frente em tudo com fé é poderoso. Por exemplo, digamos que um de seus filhos está desgarrado e não estuda mais. Mesmo essa criança, se você acredita nele dizendo que ele pode fazê-lo, e olha para ele com olhos de esperança de que ele irá mudar, ele pode se transformar em um bom filho a qualquer momento. A fé dos pais nos filhos vai estimular a melhoria e autoconfiança das crianças. As crianças que têm autoconfiança tem a fé de que eles podem fazer qualquer coisa, eles serão capazes de superar as dificuldades, e tais atitudes realmente afetarão seu desempenho acadêmico.

É a mesma coisa quando cuidamos das almas na igreja. Em qualquer caso, não devemos tirar conclusões precipitadas sobre qualquer pessoa. "Não devemos ficar desanimados pensando, Parece muito difícil essa pessoa mudar, ou" ela ainda é a mesma. Temos de olhar para todos com os olhos da esperança de que eles mudarão em breve e se derramarão pelo amor de Deus. Temos que continuar orando por eles e os encorajando a dizer e acreditar: "Você pode fazer isso!"

15. O amor tudo suporta

1 Coríntios 13:7 diz: "[O amor] tudo sofre, tudo crê, tudo espera, tudo suporta." Se você ama você pode suportar todas as coisas. Então, o que significa 'suportar'? Quando suportamos todas as coisas que não estão em conformidade com o amor, haverá algumas consequências. Quando existe vento em um lago ou mar, haverá ondas. Mesmo depois de o vento se acalmar, ainda haverá algumas ondulações restantes. Mesmo se suportamos todas as coisas, não terá acabado até quando tivermos nascido com eles. Haverá alguns resultado ou efeitos colaterais da mesma.

Por exemplo, Jesus disse em Mateus 5:39, "Eu, porem, vos digo que não resistais ao mau; mas, se qualquer te bater na face direita, oferece-lhe também a outra." Como dito, mesmo se alguém te bater na face direita, você não pode revidar, mas apenas suportá-lo. Então, tudo vai acabar? Haverá efeitos posteriores a partir dele. Você vai sentir dor. Seu rosto vai doer, mas a dor que está no coração é a maior dor. Naturalmente, as pessoas têm diferentes razões para experimentar a dor no coração. Algumas pessoas têm dor no coração, porque eles pensam que foram estapeadas sem motivo e estão com raiva por causa disso. Mas outros podem ter dor no coração, arrependidas pelo que fizeram a outra pessoa com raiva. Alguns podem sentir pena de ver um irmão que não consegue controlar seu temperamento, e o expressa fisicamente em vez de uma forma mais construtiva e adequada.

As consequências de suportar alguma coisa também pode vir

por meio de circunstâncias externas. Por exemplo, alguém lhe deu um tapa na face direita. Então você virou o outro lado também, de acordo com a Palavra. Em seguida, ele bate na bochecha esquerda, também. Você suportou seguindo a Palavra, mas a situação agravou e parecia ter piorado na realidade.

Este foi o caso de Daniel. Ele não se expos ao perigo sabendo que seria lançado na cova dos leões. Porque ele amava a Deus, nunca deixou de orar, mesmo em situações de risco de vida. Além disso, ele não agiu com maldade para com aqueles que estavam tentando matá-lo. Então, tudo mudou para melhor para ele, pois ele estava procedendo de acordo com a Palavra de Deus? Não. Ele foi lançado na cova dos leões!

Podemos pensar que todos os testes deveriam se afastar se tivermos procedendo com as coisas que não estão em conformidade com o amor. Então, qual é a razão pela qual as provas continuam? É a providência de Deus para fazer-nos aperfeiçoar e nos dar bênçãos maravilhosas. Os campos terão colheitas saudáveis e fortes, suportando com a chuva, vento e sol escaldante. A providência de Deus é tal que saímos como verdadeiros filhos de Deus através das provas.

As provas são bênçãos

O diabo inimigo e Satanás perturba a vida dos filhos de Deus quando eles tentam viver na luz. Satanás sempre tenta encontrar todos os motivos possíveis para acusar pessoas, e se elas mostram um pouco de desonra, Satanás vai realmente acusá-las. Um exemplo é quando alguém age com maldade contra você e você suporta-o exteriormente, mas ainda tem maus sentimentos no interior. O inimigo diabo e Satanás sabem disso e trazem acusações contra você por causa desses sentimentos. Então, Deus tem que permitir as lutas de acordo com a acusação. Até reconhecermos que não devemos ter maldade no coração, haverá testes chamados "testes de refino." É claro que, mesmo depois de lançarmos fora todos os pecados e tornar-nos completamente santificados, haverá lutas. Esse tipo de provação é permitido para nos dar maiores bênçãos. Com isso, nós não apenas permaneceremos no nível de não ter nenhum mal, mas cultivaremos um amor maior e mais bondade perfeita sem mácula, nem defeito algum.

Não é só por bênçãos pessoais, o mesmo princípio se aplica quando tentamos realizar o reino de Deus. Para Deus nos mostrar grandes obras, uma medida na escala de justiça tem de ser cumprida. Ao mostrar grande fé e atos de amor, temos de provar que temos o recipiente para receber a resposta, por isso que o inimigo diabo não pode opor-se a ele.

Então, às vezes Deus permite testes para nós. Se perseverarmos, com apenas bondade e amor, Deus nos permitirá dar-lhe glória maior com uma maior vitória e ele nos dá maiores recompensas. Especialmente, se você superar as perseguições e dificuldades que você recebe por causa do Senhor, você certamente irá receber grandes bênçãos. "Bem-aventurados sois vós, quando vos injuriarem e perseguirem e, mentindo, disserem todo o mal contra vós por minha causa. Exultai e alegrai-vos, porque é grande o vosso galardão nos céus; porque assim perseguiram os profetas que foram antes de vós" (Mateus 5:11-12).

Para superar, acreditar, esperar, e suportar todas as coisas

Se você crê em tudo e espera em todas as coisas com amor, Irá superar qualquer tipo de luta. Então, como especificamente devemos crer, esperar e suportar todas as coisas?

Primeiro, temos que acreditar no amor de Deus até o fim, mesmo durante as lutas.

1 Pedro 1:7 diz: "... para que a prova da vossa fé, muito mais preciosa do que o ouro que perece, embora provado pelo fogo, pode ser encontrada a resultar em louvor, glória e honra na revelação de Jesus Cristo." Ele nos refina para que possamos ter as qualificações de ser capazes de desfrutar de louvor, glória e honra, enquanto nossas vidas estão sobre a terra.

Além disso, se vivermos completamente de acordo com a Palavra de Deus não comprometendo com o mundo, haverá algumas ocasiões em que enfrentaremos sofrimentos injustos. Cada vez, temos que acreditar que estamos recebendo amor especial de Deus. Então, ao invés de desanimar, vamos ser gratos porque Deus está nos levando a melhores moradas no céu. Além disso, temos que acreditar no amor de Deus, e temos que acreditar até o fim. Pode haver algumas dores nas provas de fé.

Se a dor é grave e dura um longo tempo, podemos pensar: "Por que Deus não me ajuda? Será que ele não me ama mais?" Mas, nestes tempos, temos que lembrar do amor de Deus de forma mais clara e suportar as provações. Temos que acreditar que Deus Pai quer nos levar a melhores moradas celestiais porque ele nos ama. Se perseverarmos até o fim, finalmente nos tornaremos filhos perfeitos de Deus. "E a perseverança tenha a sua obra perfeita, para que sejais perfeitos e completos, não faltando em coisa alguma" (Tiago 1:4).

Em segundo lugar, para suportar todas as coisas temos que acreditar que as lutas são um atalho para completar nossas esperanças.

Romanos 5:3-4 diz: "E não somente isto, mas também nos gloriamos nas tribulações; sabendo que a tribulação produz a paciência, E a paciência a experiência, e a experiência a esperança." A tribulação aqui é como um atalho para realizarmos as nossas esperanças. Você pode pensar assim: "Ah, quando eu posso mudar?", Mas se você resisti e continua a mudar de novo e de novo, então, pouco a pouco você vai finalmente se tornar uma criança verdadeira e perfeita de Deus assemelhando-se a ele.

Portanto, quando a luta vem, você não deve evitá-la, mas tentar passar por ela com o seu melhor esforço. Claro, é a lei da natureza e desejo natural de um homem tomar o caminho mais fácil. Mas ao tentar fugir das provações, nossa viagem será muito maior. Por exemplo, uma pessoa que sempre e de toda forma parece dar-lhe problemas. Você não mostra abertamente isso no exterior, mas sente desconfortável sempre que encontra essa pessoa. Então, você apenas quer evitá-la. Nesta situação, você não deve apenas tentar ignorar, mas você tem que vencê-la ativamente. Você tem que suportar com as dificuldades que você tem com ela, e cultivar o coração para realmente entender e perdoar essa pessoa. Então, Deus lhe dará graça e você irá mudar. Da mesma forma, cada uma das lutas serão as pedras no caminho e o atalho para cumprir suas esperanças.

Em terceiro lugar, para suportar todas as coisas, temos que fazer somente o bem.

Quando confrontados com as sequelas, mesmo depois de suportar todas as coisas de acordo com a Palavra de Deus, normalmente as pessoas queixam-se contra Deus. Elas se queixam, dizendo: "Por que é que a situação não muda, mesmo depois de agir pela Palavra?" Todas as provações de fé são levadas pelo inimigo diabo e Satanás. Ou seja, testes e lutas são batalhas entre o bem e o mal.

Para conquistar a vitória nesta batalha espiritual, temos que lutar de acordo com as regras do reino espiritual. A lei do reino espiritual é que a bondade finalmente vença. Romanos 12:21 diz: "Não te deixes vencer pelo mal, mas vence o mal com o bem." Se agirmos em bondade desta forma, pode parecer que estamos diante da perda e que perdemos no momento, mas na verdade, é o oposto. É porque o Deus justo e bom controla toda a felicidade, infelicidade, a vida e a morte da humanidade. Portanto, quando somos confrontados com testes, provações e perseguições, temos de agir só com bondade. Em alguns casos, existem cristãos que enfrentam perseguições de seus familiares descrentes. Nesse caso, os cristãos podem pensar, "Por que o meu marido é tão mal"? Porque é que a minha esposa tão má? "Mas, então, o teste passará a ser ainda maior e mais longo." O que é a bondade neste tipo de situação? Você tem que orar com amor e servi-los no Senhor. Você tem que se tornar a luz que brilha em sua família.

Se você fizer somente o bem para eles, Deus fará a sua obra, no momento mais adequado. Ele vai afastar o inimigo diabo e Satanás e mover o coração de seus familiares também. Todos os problemas são resolvidos quando você age na bondade de acordo com as regras de Deus. A mais poderosa arma na batalha espiritual não está no poder ou a sabedoria dos homens, mas na bondade de Deus. Portanto, vamos suportar apenas na bondade e fazer coisas boas.

Existe alguém próximo de você a quem você acha que é muito difícil de conviver e muito e difícil de suportar? Algumas pessoas cometem erros o tempo todo, causam danos e dificuldades para os outros. Alguns reclamam muito e tornam-se mal-humorados mesmo sobre pequenas coisas. Mas se você cultivar o amor verdadeiro, não haverá ninguém com quem você não possa suportar. É porque você vai amar os outros como a si mesmo, assim como Jesus nos disse para amar o nosso próximo como a nós mesmos (Mateus 22:39).

Deus, o Pai também nos entende e suporta conosco dessa forma. Até cultivar este amor em você, você deve viver como uma pérola ostra. Quando um objeto estranho, como areia, algas, ou partícula de concha fica alojado entre sua concha e seu corpo, uma pérola ostra se transforma em uma pérola preciosa! Desta forma, se cultivarmos o amor espiritual, passaremos pelo portão de pérolas e iremos a Nova Jerusalém onde o trono de Deus está localizado.

Imagine o momento em que você passar pelos portões de pérolas será uma lembrança do seu passado nesta terra. Devemos ser capazes de confessar a Deus Pai: "Obrigado por suportar, acreditar, esperar e suportar em todas as coisas por mim", ele terá moldado nossos corações tão belos como as pérolas.

Características do Amor Espiritual III

12. Supera todas as coisas

13. Ele acredita em todas as coisas

14. Ele espera em todas as coisas

15. Ele suporta todas as coisas

Amor Perfeito

"O amor nunca falha; mas havendo profecias, serão aniquiladas; havendo línguas, cessarão; havendo ciência, desaparecerá; Porque, em parte, conhecemos, e em parte profetizamos; Mas, quando vier o que é perfeito, então o que o é em parte será aniquilado. Quando eu era menino, falava como menino, sentia como menino, discorria como menino, mas, logo que cheguei a ser homem, acabei com as coisas de menino. Porque agora vemos por espelho em enigma, mas então veremos face a face; agora conheço em parte, mas então conhecerei como também sou conhecido. Agora, pois, permanecem a fé, a esperança e o amor, estes três, mas o maior destes é o amor."
1 Coríntios 13:8-13

Quando você for para o céu, se pudesse levar uma coisa com você, o que gostaria de levar? Ouro? Diamante? Dinheiro? Todas essas coisas são inúteis no céu. No céu, as estradas em que você pisa são de ouro puro. O que Deus, o Pai preparou nas moradas celestes é tão belo e precioso. Deus entende nossos corações e prepara as melhores coisas com todo o seu esforço. Mas há uma coisa que podemos levar desta terra, e que vai ser tão valioso no céu, também. Ele é o amor. É o amor cultivado em nosso coração enquanto estamos vivendo neste mundo.

O amor é necessário no céu, também

Quando o cultivo humano tiver terminado iremos para o reino celestial, todas as coisas desta terra desaparecerão (Apocalipse 21:1). Salmos 103:15 diz: "Quanto ao homem, os seus dias são como a erva, como a flor do campo assim floresce." Mesmo as coisas intangíveis, como a riqueza, fama e autoridade também desaparecerão. Todos os pecados e as trevas, como o ódio, brigas, inveja e ciúme irão desaparecer.

Mas 1 Coríntios 13:8-10 diz: "O amor nunca falha; mas havendo profecias, serão aniquiladas; havendo línguas, cessarão; havendo ciência, desaparecerá; Porque, em parte, conhecemos, e em parte profetizamos; Mas, quando vier o que é perfeito, então o que é em parte será aniquilado."

Os dons de profecia, línguas e o conhecimento em Deus, são todas coisas espirituais, então por que mantemos a distância? O céu está no reino espiritual e é um lugar perfeito. No Céu, entenderemos tudo claramente. Mesmo que nós nos comunicamos com Deus de maneira clara e profética, é completamente diferente de entender tudo no reino celestial no futuro. Então, vamos entender claramente o coração de Deus, o Pai, e do Senhor, então as profecias não serão mais necessárias.

É a mesma coisa em línguas. Aqui, 'línguas' se referem a diferentes línguas. Agora, nós temos muitas línguas diferentes nesta terra, então para conversar com outras pessoas que falam línguas diferentes, temos que aprender suas línguas. Devido às diferenças culturais, precisamos de muito tempo e esforço para compartilhar o coração e pensamentos. Mesmo se falamos a mesma língua, não podemos entender os corações e pensamentos de outras pessoas completamente. Mesmo se falamos fluentemente e de forma elaborada, não é fácil revelar o nosso coração e pensamentos 100%. Por causa de palavras, podemos ter desentendimentos e brigas. Há também muitos erros nas palavras.

Mas se formos para o céu, não temos que nos preocupar com essas coisas. Há apenas uma língua no céu. Então, não há necessidade de se preocupar em não entender os outros. Porque o bom coração é transmitido como é, não pode haver qualquer malentendido ou preconceitos.

É o mesmo com o conhecimento. Aqui, 'conhecimento' refere-se ao conhecimento da palavra de Deus. Quando vivemos nesta terra, nos diligentemente aprendemos a Palavra de Deus. Através dos 66 livros da Bíblia, aprendemos que podemos ser salvos e obter a vida eterna. Aprendemos sobre a vontade de Deus, mas é apenas uma parte da vontade de Deus, que é apenas sobre o que precisamos fazer para ir para o céu.

Por exemplo, podemos ouvir e aprender e praticar tais palavras como: 'Amai-vos', 'não invejar, não ficar com ciúmes', e assim por diante. Mas no céu, só há amor, e assim, não precisaremos deste tipo de conhecimento lá. Embora sejam coisas espirituais, no final, mesmo profecia, línguas diferentes, e toda a ciência também desaparecerá. Porque eles são necessários apenas temporariamente neste mundo físico. Portanto, é importante conhecer a Palavra de verdade e saber sobre o céu, mas é mais importante cultivar o amor. Na medida em que circuncidarmos nossos corações e cultivarmos o amor, poderemos ir para uma melhor morada celestial.

O amor é eternamente precioso

Basta lembrar-se do tempo do seu primeiro amor. Quão feliz você estava! Como costumamos dizer, estávamos cegos pelo amor, se realmente amamos alguém, podemos ver apenas coisas boas nessa pessoa e tudo no mundo parece lindo. O sol parece mais brilhante do que nunca, e podemos sentir a fragrância mesmo do ar. Há alguns relatos de laboratório, afirmando que as partes do cérebro que controlam os pensamentos negativos e críticos são menos ativos para aqueles que estão amando. Da mesma forma, se você estiver cheio do amor de Deus em seu coração, você esta tão feliz, mesmo se você não comer. No céu, esse tipo de alegria vai durar para sempre.

Nossa vida nesta terra é como uma vida de uma criança em relação à vida que teremos no céu. Um bebê que está apenas começando a falar pode dizer apenas algumas palavras fáceis como 'mamãe' e 'papai'. Ele não pode expressar muitas coisas concretamente com detalhe. Além disso, as crianças não podem entender as coisas complexas do mundo dos adultos. Crianças falam, entendem e pensam dentro de seu conhecimento e habilidade como crianças. Eles não têm o conceito adequado sobre o valor do dinheiro, por isso, se elas são presenteadas com uma moeda e uma conta, eles naturalmente pegam as moedas. É porque eles sabem que moedas valem algo para elas usarem para comprar alguns doces e picolés, mas não sabem o valor das contas. É semelhante à nossa compreensão do Céu enquanto vivemos nesta terra. Sabemos que o céu é um lugar bonito, mas é difícil expressar quão bonito ele é realmente. No reino celestial, não há limites, de modo que a beleza pode ser expressa em toda a extensão. Quando chegarmos ao Céu, também seremos capazes de compreender o mundo espiritual ilimitado e misterioso, e os princípios pelos quais tudo funciona. Isto é afirmado em 1 Coríntios 13:11, "Quando eu era menino, falava como menino, sentia como menino, discorria como menino, mas logo que cheguei a ser homem, acabei com as coisas de menino."

No reino celestial, não há trevas, ou preocupações ou ansiedades. Só bondade e amor existem. Assim, podemos expressar nosso amor e servir uns aos outros tanto quanto queremos. Desta forma, mundo físico e o mundo espiritual são completamente diferentes. Claro que, mesmo nesta terra, há uma grande diferença na compreensão e pensamentos das pessoas de acordo com a medida da fé de cada um.

Em 1 João capítulo 2, cada nível de fé é comparado a crianças pequenas, crianças, jovens e pais. Para aqueles que estão no nível de fé de pequenas crianças ou de crianças, são como crianças no espírito. Eles realmente não podem entender as coisas espirituais profundas. Eles têm pouca força para praticar a Palavra. Mas quando eles se tornam jovens e pais, suas palavras, pensamentos e ações se tornam diferentes. Eles têm mais capacidade de praticar a Palavra de Deus, e podem vencer a batalha contra o poder das trevas. Mas mesmo que nós realizemos a fé dos pais nesta terra, podemos dizer que ainda somos como crianças em relação ao momento em que entraremos no reino celestial.

Iremos sentir o amor perfeito

A infância é um tempo de preparação para se tornar um adulto, e da mesma forma, a vida nesta terra é o tempo de preparação para a vida eterna. E, este mundo é como uma sombra se comparado com o reino eterno do céu, e ele passa rapidamente. Sombra não é o ser real. Em outras palavras, não é real. É apenas uma imagem que se assemelha ao ser original.

O rei Davi deu graças ao SENHOR, à vista de toda a congregação, e disse: "Porque somos estrangeiros diante de ti, e peregrinos como todos os nossos pais; como a sombra são os nossos dias sobre a terra, e sem ti não há esperança" (1 Crônicas 29:15).

Quando olhamos para a sombra de algo, entendemos as linhas gerais do objeto. Este mundo físico também é como uma sombra que nos dá uma breve ideia sobre o mundo eterno. Quando a sombra, que é a vida na Terra, termina, a entidade real será claramente revelada. Neste momento, sabemos sobre reino espiritual apenas vagamente, como se estivéssemos olhando para um espelho. Mas quando formos para o reino celestial, iremos entender tão claramente como quando nos vemos face a face.

1 Coríntios 13:12 diz: "Porque agora vemos por espelho em enigma, mas então veremos face a face, agora conheço em parte, mas então conhecerei como também sou conhecido." Quando o apóstolo Paulo escreveu este capítulo do amor, foi a cerca de 2.000 anos atrás. Um espelho naquela época não era tão claro como espelhos de hoje. Não eram feitos com vidro. Eles usavam prata, bronze ou aço polido do metal para refletir a luz. É por isso o espelho era fraco. Claro, algumas pessoas veem e sentem o reino dos céus mais vividamente com os olhos espirituais que são abertos. Ainda assim, podemos sentir a beleza e a felicidade do céu apenas vagamente.

Quando entrarmos no reino eterno do céu, veremos claramente cada detalhe do reino e sentiremos diretamente. Vamos aprender sobre a grandeza, força, e a beleza de Deus que estão além das palavras.

O amor é o maior entre a fé, a esperança e o amor

A fé e a esperança são muito importantes para a nossa fé aumentar. Nós podemos ser salvos e ir para o céu apenas quando temos fé. Podemos nos tornar filhos de Deus apenas com a fé. Porque adquirimos a salvação, a vida eterna, e o reino celestial apenas com a fé, a fé é muito preciosa. O tesouro de todos os tesouros é a fé, a fé é a chave para receber respostas às nossas orações.

E quanto a esperança? A esperança também é preciosa, nós tomamos posse das melhores moradas no céu tendo esperança. Então, se temos fé, nós naturalmente temos esperança. Se nós certamente acreditamos em Deus e no céu e inferno, teremos esperança para o céu. Além disso, se temos esperança, tentamos nos tornar santificados e trabalhamos fielmente para o reino de Deus. A fé e a esperança são uma obrigação até chegarmos ao reino celestial. Mas 1 Coríntios 13:12 diz que o amor é o maior, e por quê?

Em primeiro lugar, a fé e a esperança são necessárias apenas durante a nossa vida nesta terra, e só o amor espiritual permanece no reino dos céus.

No céu, não temos que acreditar em qualquer coisa sem ver ou esperar por algo, porque tudo vai estar lá diante de nossos olhos. Suponha que você tem alguém que você ama muito, e você não o encontra por uma semana, ou ainda, por dez anos. Teremos muitas e profundas emoções quando encontrá-lo novamente em dez anos. E se encontrar com ele, a quem sentimos falta por dez anos, haverá alguém que ainda sentirá sua falta?

O mesmo vale para a nossa vida cristã. Se realmente temos fé e amor a Deus, teremos crescimento em esperança que com o passar do tempo a nossa fé cresça. Sentiremos a falta do Senhor cada vez mais forte enquanto os dias passam. Aqueles que têm esperança do céu dessa forma não irão dizer que é difícil, mesmo eles tomando o caminho estreito sobre a terra, não serão influenciados por qualquer tentação. E quando chegarmos ao nosso destino final, o reino celestial, não precisaremos de fé e de esperança por mais tempo. Mas o amor ainda persiste no céu para sempre, e é por isso que a Bíblia diz que o amor é o maior.

Em segundo lugar, podemos alcançar o céu com fé, mas sem amor, não podemos entrar na mais bela morada, a Nova Jerusalém. Podemos pela força tomar posse do reino celestial, na medida em que agimos com fé e esperança. Na medida em que vivemos pela Palavra de Deus, lançando fora os pecados, e cultivando belos corações, será dado a fé espiritual, de acordo com a medida da fé espiritual, será dado diferentes moradas no Céu: paraíso, primeiro reino dos céus, segundo reino dos céus, terceiro Reino dos céus e Nova Jerusalém.

O paraíso é para aqueles que têm fé apenas para serem salvas por aceitar Jesus Cristo. Isso significa que eles não fizeram nada para o reino de Deus. O primeiro reino dos céus é para aqueles que têm tentado viver pela Palavra de Deus, depois de aceitarem Jesus Cristo. É muito mais bonito do que o paraíso. O Segundo Reino dos Céus é para aqueles que viveram pela Palavra de Deus com o seu amor por Deus e foram fiéis ao reino de Deus. O Terceiro Reino dos Céus é para aqueles que amam a Deus ao máximo nível e rejeitaram todas as formas de mal se tornando santificados. Nova Jerusalém é para aqueles que têm fé agradável a Deus e tem sido fiel em toda casa de Deus.

Nova Jerusalém é a morada celestial dada aos filhos de Deus que têm cultivado o amor perfeito com a fé, e é semelhante ao cristal do amor. Na verdade, ninguém, mas Jesus Cristo, o Filho unigênito de Deus tem as qualificações de ser capaz de entrar na Nova Jerusalém. Mas nós, sendo criaturas também podemos ter as qualificações para entrar lá, se formos justificados pelo sangue precioso de Jesus Cristo e adquirirmos a fé perfeita. Para nos assemelharmos ao Senhor e morarmos na Nova Jerusalém, temos que seguir o caminho que o Senhor tomou. Esse caminho é o amor. Só com este amor podemos suportar os nove frutos do Espírito Santo e as Bem-aventuranças para sermos dignos e verdadeiros filhos de Deus que tem as características do Senhor. Uma vez que temos as qualificações como verdadeiros filhos de Deus, recebemos tudo que pedimos nesta terra, e teremos o privilégio de sermos capazes de andar para sempre com o Senhor no céu. Portanto, podemos ir para o céu quando temos fé, e podemos lançar fora os pecados quando temos esperança. Por esta razão, a fé e a esperança são certamente necessárias, mas o amor é o maior para que possamos entrar na Nova Jerusalém somente quando tivermos o amor.

"A ninguém devais coisa alguma, a não ser o amor com que vos ameis uns aos outros; porque quem ama aos outros cumpriu a lei. Com efeito: Não adulterarás, não matarás, não furtarás, não darás falso testemunho, não cobiçarás; e se há algum outro mandamento, tudo nesta palavra se resume: Amarás ao teu próximo como a ti mesmo. O amor não faz mal ao próximo. De sorte que o cumprimento da lei é o amor."

Romanos 13:8-10

Parte 3
O amor é o cumprimento da Lei

Capítulo 1 : O Amor de Deus

Capítulo 2 : O Amor de Cristo

O Amor de Deus

"E nós conhecemos, e cremos no amor que Deus nos tem. Deus é amor; e quem está em amor está em Deus, e Deus nele."
1 João 4:16

Enquanto trabalhava com os índios Quechua, Elliot começou a se preparar para alcançar a famosa e violenta tribo indígena Huaorani. Ele e outros quatro missionários, Ed McCully, Roger Youderian, Peter Fleming e seu piloto Nate Saint, fizeram contato de seu avião com os índios Huaorani, usando um alto-falante e um cesto para entregar presentes. Depois de vários meses, os homens decidiram construir uma base a uma curta distância a partir da tribo indígena, ao longo do rio Curaray. Lá, eles foram abordados várias vezes por pequenos grupos de índios Huaorani, e até deram um passeio de avião para um Huaorani curioso que eles chamavam de "George" (seu nome verdadeiro era Naenkiwi). Encorajados por estes encontros amigáveis, começaram os planos para visitar a Huaorani, mas seus planos foram precedidos pela chegada de um grupo maior de Huaorani, que mataram Elliot e seus quatro companheiros em 8 de janeiro de 1956. O corpo mutilado de Elliot foi encontrado rio abaixo, juntamente com os dos outros homens, exceto o de Ed McCully.

Elliot e seus amigos se tornaram conhecidos em todo o mundo instantaneamente como mártires, a revista Life publicou um artigo de 10 páginas sobre a sua missão e morte. A eles são creditados um desencadeamento de interesse em missões cristãs entre os jovens de seu tempo, e ainda são considerados um incentivo para os missionários cristãos que trabalham em todo o mundo. Após a morte de seu marido, Elisabeth Elliot e outros missionários começaram a trabalhar entre os índios Auca, onde tiveram um impacto profundo e ganharam muitas conversões. Muitas almas foram ganhas pelo amor de Deus.

"A ninguém devais coisa alguma, a não ser o amor com que vos ameis uns aos outros; porque quem ama aos outros cumpriu a lei. Com efeito: Não adulterarás, não matarás, não furtarás, não darás falso testemunho, não cobiçarás; e se há algum outro mandamento, tudo nesta palavra se resume: Amarás ao teu próximo como a ti mesmo. O amor não faz mal ao próximo. De sorte que o cumprimento da lei é o amor" (Romanos 13:8-10).

O nível mais alto do amor entre todos os tipos de amor é o amor de Deus para conosco. A criação de todas as coisas e seres humanos também proveio do amor de Deus.

Deus criou todas as coisas e seres humanos a partir do seu amor

No princípio, Deus estava abrigando o vasto espaço do universo em si mesmo. Este universo é diferente do universo que conhecemos hoje. É um espaço que não tem começo nem fim, nem quaisquer limites. Todas as coisas são feitas de acordo com a vontade de Deus e o que ele abriga em seu coração. Então, se Deus pode fazer e ter tudo o que quer, por que ele criou os seres humanos?

Ele queria ter filhos verdadeiros com quem pudesse compartilhar a beleza de seu mundo em que ele estava se divertindo. Ele queria compartilhar o espaço onde tudo é feito como desejado. É semelhante a mente humana, gostaríamos de compartilhar abertamente as coisas boas com aqueles a quem amamos. Com esta esperança, Deus planejou o cultivo humano para adquirir verdadeiros filhos.

Como primeiro passo, Ele dividiu o universo em um mundo físico e o mundo espiritual, e criou seres celestiais e anjos, outros seres espirituais, e todas as outras coisas necessárias na esfera espiritual. Ele fez um espaço para ele habitar, bem como o reino dos céus, onde seus verdadeiros filhos habitam, é o espaço para que os seres humanos passem por cultivo humano. Depois de um período imensurável de tempo passado, ele criou a Terra no mundo físico junto com o sol, a lua e as estrelas, e o ambiente natural, e tudo o que fosse necessário para que os homens vivam.

Existem inúmeros seres espirituais em torno de Deus, como os anjos, mas eles são obedientes incondicionalmente, um pouco como robôs. Eles não são seres com quem Deus pode compartilhar seu amor. Por esta razão, Deus criou o homem à sua imagem adquirindo verdadeiros filhos com quem pudesse partilhar o seu amor. Se fosse possível ter robôs com rostos bonitos que agissem exatamente de acordo com o que você quisesse, eles poderiam substituir seus próprios filhos? Mesmo que seus filhos não o escutem de vez em quando, eles ainda serão muito mais belos do que esses robôs, porque eles podem sentir o seu amor e expressar seu amor para você. É o mesmo com Deus. Ele queria ter filhos verdadeiros com quem pudesse compartilhar seu coração. Com este amor, Deus criou o primeiro homem, e ele era Adão.

Depois que Deus criou Adão, Ele fez um jardim em um lugar chamado Éden no leste, e trouxe-o para lá. O Jardim do Éden foi dado por consideração de Deus para com Adão. É um lugar de beleza misteriosa onde as flores e as árvores crescem muito bem e amáveis animais passeiam. Tem frutos abundantes em todos os lugares. Tem brisas que se sentem suavemente como seda e a grama sussurra sons. A água brilha como pedras preciosas com os reflexos de luz a partir dela. Mesmo com a melhor imaginação dos homens, não se pode expressar plenamente a beleza daquele lugar. Deus também deu a Adão uma auxiliar, cujo nome era Eva. Não é porque o próprio Adão sentiu-se solitário. Deus entendeu o coração de Adão com antecedência porque Deus tinha estado sozinho por um longo tempo. Na melhor condição de vida dada por Deus, Adão e Eva andaram com Deus e por um longo, longo tempo, gozaram de grande autoridade como o senhor sobre todas as criaturas.

Deus cultiva seres humanos
para torná-los seus verdadeiros filhos

Mas faltava a Adão e Eva algo para que eles fossem verdadeiros filhos de Deus. Embora Deus lhes desse o seu amor ao máximo, não podiam realmente sentir o amor de Deus. Eles apreciavam todas as coisas dadas por Deus, mas não havia nada que eles ganharam ou adquiriram por seu esforço. Assim, não entendiam entender como o amor de Deus era precioso, e não foram capazes de apreciar o que foi dado a eles. Além disso, nunca experimentaram a morte ou infelicidade, eles não sabiam o valor da vida. Nunca experimentaram o ódio, por isso não entenderam o verdadeiro valor do amor. Apesar de terem ouvido e compreendido como principio, não podiam sentir o verdadeiro amor em seus corações, pois nunca tinha experimentado em primeira mão.

A razão pela qual Adão e Eva comeram da árvore do conhecimento do bem e do mal reside aqui. Deus disse: "...porque no dia em que dela comeres, certamente morrerás", mas eles não sabiam o significado pleno da morte (Gênesis 2:17). Deus não sabia que eles estavam indo comer da árvore do conhecimento do bem e do mal? Ele sabia. Ele sabia, mas ele ainda deu a Adão e Eva o livre arbítrio para que fizessem a escolha da obediência. Eis aqui a providência para o cultivo humano.

Através do cultivo humano, Deus quis que toda a humanidade experimentasse lágrimas, tristeza, dor, morte, etc, de modo que, depois que chegassem ao céu, eles realmente sentissem o quão valioso e precioso às coisas celestiais são, e seriam capazes de desfrutar a felicidade verdadeira. Deus queria compartilhar seu amor com eles para sempre no céu, que é, sem comparação, mais bonito do que até mesmo o Jardim do Éden.

Depois que Adão e Eva desobedeceram a Palavra de Deus, não poderiam viver mais no Jardim do Éden. E uma vez que Adão também perdeu a autoridade como o senhor de todas as criaturas, todos os animais e plantas foram amaldiçoados. A Terra que já teve abundância e beleza, também foi amaldiçoada. Isso produziu espinhos e ervas daninha, e os homens não poderiam colher nada sem o trabalho e suor de seus rostos.

Embora Adão e Eva desobedecessem a Deus, Ele ainda fez roupas de pele para eles e os vestiu, por que eles iam ter que viver em um ambiente completamente diferente (Genesis 3:21). O coração de Deus deve ter queimado como o de pais que têm que enviar seus filhos para longe por algum tempo para se prepararem para seu futuro. Apesar deste amor de Deus, logo após o cultivo humano começar, os homens foram manchados por pecados, e rapidamente se distanciaram de Deus.

Romanos 1:21-23 diz: "Portanto, tendo conhecido a Deus, não o glorificaram como Deus, nem lhe deram graças, antes em seus discursos se desvaneceram, e o seu coração insensato se obscureceu; Dizendo-se sábios tornaram-se loucos; E mudaram a gloria do Deus incorruptível em semelhança de imagem de homem corruptível, e de aves, e de quadrúpedes, e de repteis."

Para essa humanidade pecadora, Deus mostrou a sua providência e amor através do povo escolhido, Israel. Por um lado, quando eles viviam pela Palavra de Deus, ele mostrou sinais e maravilhas incríveis e deu-lhes grandes bênçãos. Por outro lado, quando eles se afastavam de Deus, adoravam ídolos e cometiam pecados, Deus enviou muitos profetas para professar seu amor.

Um desses profetas foi Oséias, que estava ativo em uma era escura depois que Israel foi dividido em Israel do norte e do sul de Judá.

Um dia, Deus deu uma ordem especial a Oséias dizendo: "Vai, toma uma mulher de prostituições, e filhos de prostituição" (Oséias 1:2). Não era imaginável para um profeta piedoso se casar com uma mulher de prostituição. Embora ele não entendesse completamente a intenção de Deus, Oséias obedeceu sua Palavra e levou uma mulher chamada Gomer como sua esposa.

Eles deram à luz três filhos, mas Gomer foi para outro homem seguindo seu desejo. No entanto, Deus disse a Oséias para amar sua esposa (Oséias 3:1). Oséias olhou por ela e a comprou por quinze ciclos de prata e um ômer e meio de cevada.

O amor que Oséias deu a Gomer simboliza o amor de Deus que nos foi dado. E Gomer, a mulher de prostituição simboliza todos os homens que estão manchados por pecados. Assim como Oséias tomou uma mulher de prostituição como sua esposa, Deus amou primeiro aqueles de nós que foram marcados por pecados neste mundo.

Ele mostrou o seu amor sem fim, esperando que todos iriam voltar de seu caminho de morte e se tornar seu filho. Mesmo eles tendo feito amizade com o mundo e se distanciado de Deus por um tempo, Ele não disse, "Você me deixou e eu não posso aceitá-lo de volta." Ele só quer que todos retornem a ele e ele faz isso com um coração mais sincero do que os pais que esperam seus filhos, que fugiram de casa retornem.

Deus preparou Jesus Cristo desde antes dos tempos

A parábola do filho pródigo em Lucas 15 mostra explicitamente o coração de Deus o Pai. O segundo filho que teve uma vida rica como uma criança não teve o coração grato por seu pai, nem ele entendeu o valor do tipo de vida que estava vivendo. Um dia, ele pediu seu dinheiro de herança com antecedência. Ele era tipicamente uma criança mimada, que estava pedindo seu dinheiro de herança, enquanto seu pai ainda estava vivo.

O pai não conseguiu impedir seu filho, porque seu filho não entendeu o coração do pai afinal, e ele finalmente deu o dinheiro da herança. O filho estava feliz e saiu em uma viagem. A dor do pai começou a partir daquele momento. Ele estava preocupado com pensamento da morte como: "E se ele se machucar? E se ele encontrar algumas pessoas más? "O pai não conseguia nem dormir o suficiente se preocupando com seu filho, observando o horizonte esperando que seu filho voltasse.

Logo, o dinheiro do filho acabou, e as pessoas começaram a maltratá-lo. Ele estava em uma situação tão terrível que ele queria encher sua fome com as alfarrobas que os porcos comiam, mas ninguém dava nada para ele. Então, ele se lembrou da casa de seu pai. Voltou para casa, mas estava tão triste que não podia nem levantar a cabeça. Mas o pai correu para ele e o beijou. O pai não o culpou por nada, estava tão feliz que colocou as melhores roupas nele e matou um bezerro para fazer uma festa para ele. Este é o amor de Deus.

O amor de Deus não é dado apenas para algumas pessoas especiais em um tempo especial. 1 Timóteo 2:4 diz: "[Deus] quer que todos os homens sejam salvos e cheguem ao pleno conhecimento da verdade." Ele mantém a porta da salvação aberta o tempo todo, e quando uma alma volta para Deus, Ele recebe cada alma com tanta alegria e felicidade.

Com este amor de Deus, que não deixa de ir conosco até o fim, o caminho foi aberto para que todos possam receber a salvação. É por isso que Deus preparou seu filho unigênito Jesus Cristo. Como está escrito em Hebreus 9:22, "E quase todas as coisas, segundo a lei, se purificam com sangue; e sem derramamento de sangue não há remissão", Jesus pagou o preço dos pecados que os pecadores tinham de pagar, com seu precioso sangue é a sua própria vida.

1 João 4:9 fala do amor de Deus como registrado, "por isso, o amor de Deus se manifestou em nós, que Deus enviou seu Filho unigênito ao mundo, para que pudéssemos viver por meio dele." Deus Jesus derramou seu precioso sangue para redimir a humanidade dos seus pecados. Jesus foi crucificado, mas ele venceu a morte e ressuscitou no terceiro dia, pois ele não tinha pecado. Através deste caminho nossa salvação foi aberta. Nos entregar seu filho unigênito não foi fácil como parece. Um ditado coreano diz: "Os pais não sentem dor, mesmo se seus filhos são colocados fisicamente a seus olhos." Muitos pais sentem vida de seus filhos são mais importantes do que suas próprias vidas.

Portanto, para Deus entregar seu único filho Jesus, nos mostra o amor supremo. Além disso, Deus preparou o reino dos céus para aqueles a quem ele ganha de volta através do sangue de Jesus Cristo. Que grande amor é esse! E ainda o amor de Deus não termina aqui.

Deus nos deu o espírito santo para nos guiar para o céu

Deus dá o espírito santo como um presente para aqueles que aceitam a Jesus Cristo e recebem o perdão dos pecados. O Espírito Santo é o coração de Deus. Desde o momento da ascensão do Senhor, Deus enviou o consolador, o Espírito Santo em nossos corações.

Romanos 8:26-27 diz: "Da mesma maneira também o Espírito ajuda a nossa fraqueza, porque não sabemos orar como convém, mas o mesmo Espírito intercede por nós sobremaneira, com gemidos profundos demais para palavras, e aquele que sonda os corações sabe qual é a mente do Espírito, porque Ele intercede pelos santos de acordo com a vontade de Deus." Quando pecamos, o Espírito Santo nos guia ao arrependimento através dos gemidos inexprimíveis. Para aqueles que têm a fé fraca, ele dá fé, para aqueles que não têm esperança, ele dá esperança. Assim como as mães delicadamente confortam e cuidam de seus filhos, ele nos dá a sua voz para que não sejamos feridos ou prejudicados de forma alguma. Desta forma, ele nos permite conhecer o coração de Deus, que nos ama, e nos leva ao reino dos céus.

Se entendermos esse amor profundamente, não deixaremos de amar a Deus de volta. Se amarmos a Deus com o nosso coração, ele nos dá de volta grande e surpreendente amor que nos cobri completamente. Ele nos dá saúde, ele abençoará tudo para conosco. Ele faz isso porque é a lei do reino espiritual, mas o mais importante ainda, é porque ele quer que sintamos o seu amor através das bênçãos que recebemos dele. "Eu amo aos que me amam, e os que cedo me buscarem, me acharão" (Provérbios 8:17).

O que você sentiu quando se encontrou com Deus e recebeu a cura ou soluções para os vários problemas? Deve ter sentido que Deus ama até mesmo um pecador como você. Eu acredito que você deve ter confessado no seu coração: "Será que podemos com tinta preencher o oceano, e com os céus de pergaminho, para escrever o amor de Deus, poderíamos drenar o mar e deixa-lo seco." Além disso, acredito que foi impactado pelo amor de Deus, que lhe deu o céu eterno onde não há preocupações, sem tristeza, sem doenças, sem separação, e sem morte.

Nós não amamos a Deus em primeiro lugar. Deus em primeiro lugar veio até nós e estendeu suas mãos. Ele não nos ama porque merecemos ser amados. Deus nos amou tanto que deu o seu filho unigênito por nós, que éramos pecadores e destinados a morrer. Ele amava todos os homens, e cuida de todos nós com um amor maior do que qualquer amor de mãe que não esquece de seu filho pequeno (Isaías 49:15). Ele espera por nós como se mil anos fosse apenas um dia.

O amor de Deus é o amor verdadeiro que não muda mesmo com o passar do tempo. Quando chegarmos ao céu, nossos queixos vão cair no chão vendo as belas coroas, linho fino brilhante, e as casas celestes construídas com ouro e pedras preciosas, que Deus preparou para nós. Ele dá recompensas e presentes, mesmo durante as nossas vidas terrenas aqui, e ele está esperando ansiosamente pelo dia de estar conosco em sua glória eterna. Vamos sentir seu grande amor.

O Amor de Cristo

"E andai em amor, como também Cristo vos amou, e se entregou a si mesmo por nós, em oferta e sacrifício a Deus, em cheiro suave."
Efésios 5:2

O amor tem o grande poder de tornar o impossível possível. Especialmente, o amor de Deus e o amor do Senhor são verdadeiramente surpreendentes. Ele pode transformar as pessoas incompetentes que não são capazes de fazer nada em pessoas competentes que podem fazer qualquer coisa. Quando os pescadores iletrados, coletores de impostos – que na época eram consideradas como pecadores – os pobres, as viúvas e as pessoas negligentes do mundo, encontraram o Senhor, suas vidas foram totalmente alteradas. Sua pobreza e doenças foram resolvidas, e sentiram o verdadeiro amor que nunca tinham sentido antes. Eles se consideravam inúteis, mas nasceram de novo como instrumentos gloriosos de Deus. Este é o poder do amor.

Jesus veio a esta terra abandonando toda a glória celestial

No princípio Deus era o Verbo, e o Verbo veio a esta terra em um corpo humano. Foi Jesus, o Filho unigênito de Deus. Jesus veio a este mundo para salvar a humanidade do pecado pois estavam a caminho da morte. O nome "Jesus" significa "ele salvará o seu povo de seus pecados" (Mateus 1:21).

Todas essas pessoas manchadas pelo pecado não tinham se tornado diferentes de animais (Eclesiastes 3:18). Jesus nasceu em um estábulo de animais para redimir os homens que renunciaram o que eles deveriam fazer e não eram melhores do que os animais. Ele foi colocado em uma manjedoura destinado à alimentação de animais para se tornar verdadeiro alimento para esses homens

(João 6:51). Era para deixar os homens recuperar a imagem perdida de Deus e permitir que eles façam todo o seu dever.

Além disso, Mateus 8:20 diz: "As raposas têm suas tocas e as aves do céu têm ninhos, mas o Filho do homem não tem onde reclinar a cabeça." Como dito, ele não tinha um lugar para dormir, e teve para ficar a noite no campo atravessando o frio e a chuva. Ele estava sem comida e com fome muitas vezes. Não era porque ele era incapaz. Foi para nos resgatar da pobreza. 2 Coríntios 8:9 diz: "Pois conheceis a graça de nosso Senhor Jesus Cristo, que, sendo rico, por amor de vós se fez pobre, para que pela Sua pobreza nos tornássemos ricos."

Jesus iniciou seu ministério público com o sinal de fazer o vinho fora da água no banquete de casamento de Cana. Ele pregou o reino de Deus e realizou muitos sinais e maravilhas na área da Judéia e da Galiléia. Muitos leprosos foram curados, os coxos a andar e pular, e aqueles que estavam sofrendo de possessão demoníaca foram libertos do poder das trevas. Mesmo uma pessoa que já estava morta por quatro dias e cheirava mal saiu do túmulo vivo (João 11).

Jesus manifesta tais coisas incríveis durante seu ministério na terra para que as pessoas percebam o amor de Deus. Além disso, sendo um com Deus e com a própria Palavra, ele manteve a lei completamente para definir um exemplo perfeito para nós. Além disso, só porque ele guardou toda a lei, não condenava aqueles que violaram a lei e deveriam ser condenados à morte. Ele apenas ensinou o povo à verdade de modo que apenas mais uma alma se arrependesse e recebesse a salvação.

Se Jesus tivesse medido todos estritamente de acordo com a lei, ninguém teria sido capaz de receber a salvação. A lei so os mandamentos de Deus nos dizendo o que fazer, não fazer, jogar fora, e manter certas coisas. Por exemplo, existem tais mandamentos como 'santificar o sábado, não cobiçarás a casa do teu próximo; honrar seus pais, e lançar fora todas as formas de mal.' O destino final de todas as leis é o amor. Se você manter todos os estatutos e as leis, poderá praticar o amor, pelo menos exteriormente.

Mas o que Deus quer de nós não é apenas guardamos a lei pelas nossas ações. Ele quer pratiquemos a lei do amor em nosso coração. Jesus conhecia o coração de Deus muito bem e cumpriu a lei do amor. Um dos melhores exemplos é o caso da mulher que foi apanhada no ato de adultério (João 8). Um dia, os escribas e fariseus trouxeram a mulher que foi apanhada na ato de adultério, colocaram-na no centro do povo e perguntaram a Jesus: "Agora na Lei nos mandou Moisés que as tais sejam apedrejadas; tu pois que dizes?" (João 8:5)

Eles disseram isso para que pudessem encontrar motivos para trazer acusações contra Jesus. O que você acha que a mulher estava sentindo naquele momento? Devia estar tão envergonhada de que seu pecado foi revelado na frente de todos, e devia estar tremendo de medo porque ela estava prestes a ser apedrejada até a morte. Se Jesus dissesse: "apedrejá-la", sua vida teria chegado ao fim ao ser atingida por tantas pedras atiradas contra ela.

Jesus, porém, não disse a eles para puni-la de acordo com a lei.

Em vez disso, ele abaixou-se e começou a escrever algo no chão com o dedo. Era os nomes dos pecados que as pessoas de lá estavam cometendo em comum. Depois de listar os seus pecados, Ele se levantou e disse: "Aquele que de entre vós está sem pecado seja o primeiro que atire pedra contra ela" (v. 7). Então, ele abaixou-se mais uma vez e começou a escrever alguma coisa.

Desta vez, ele escreveu os pecados de cada pessoa, como se ele os tivesse visto, quando, onde e como cada um deles cometeram seus pecados. Aqueles que tiveram dores de consciência deixaram o local, um por um. Por fim, havia apenas Jesus e a mulher. Os seguintes versículos 10 e 11 dizem: "endireita-se, Jesus disse-lhe: Mulher, onde estão eles? Será que ninguém a condenou? Ela disse: 'Ninguém, Senhor.' E Jesus disse: 'Eu não te condeno, também. Vai agora em diante não peques mais.'"

Não sabia a mulher que a pena para o adultério era a morte por apedrejamento? Claro que ela sabia. Ela conhecia a lei, mas cometeu o pecado, pois não conseguia superar seu desejo. Ela estava à espera de ser condenada à morte por seu pecado que havia sido revelado, e foi quando ela inesperadamente experimentou o perdão de Jesus, quão profundamente ela deve ter sido movida! Enquanto ela se lembrou do amor de Jesus, não foi capaz de pecar novamente.

Uma vez que Jesus, com Seu amor perdoou a mulher que violou a lei, é a lei obsoleta enquanto tivermos amor por Deus e os nossos vizinhos? Não. Jesus disse: "Não penseis que vim revogar a Lei ou os profetas: não vim para abolir, mas para cumpri-la" (Mateus 5:17).

Podemos praticar a vontade de Deus mais perfeitamente porque temos a lei. Se alguém apenas diz que ama a Deus, não podemos medir o quão profundo e amplo é seu amor. No entanto, a medida do seu amor pode ser verificada porque temos a lei. Se ele realmente ama a Deus com todo o seu coração, definitivamente irá manter a lei. Para tal pessoa, não é difícil manter a lei. Além disso, na medida em que ele cumpre a lei corretamente, irá receber o amor e as bênçãos de Deus.

Mas os legalistas na época de Jesus não estavam interessados no amor de Deus, contida na lei. Eles não se concentravam em manter seus corações sagrados, mas apenas em manter as formalidades. Eles sentiam-se satisfeitos e ainda se orgulhavam de manter a lei exteriormente. Eles pensavam que estavam guardando a lei e, portanto, imediatamente julgavam e condenavam aqueles que violassem a lei. Quando Jesus explicou o verdadeiro significado contido na lei e ensinou sobre o coração de Deus, eles disseram que Jesus estava errado e endemoniado.

Porque os fariseus não tinham amor, o guardar a lei não acrescentava nada a suas almas (1 Coríntios 13:1-3). Eles não lançaram fora o mal em seus corações, mas apenas julgavam e condenavam aos outros, distanciando-se assim de Deus. Eventualmente, eles cometeram o pecado de crucificar o filho de Deus, que não pode ser revertido.

Jesus cumpriu a providência da cruz com obediência até a morte

No final do ministério de três anos, Jesus foi para o Monte das Oliveiras, pouco antes de seus sofrimentos começarem. À medida que a noite foi se aprofundando, Jesus orou fervorosamente enfrentando a crucificação diante dele. Sua oração foi um protesto para salvar todas as almas, pelo seu sangue, que é completamente inocente. Foi uma oração para pedir o poder de superar os sofrimentos da cruz. Ele orou fervorosamente, e seu suor tornou-se como gotas de sangue caindo sobre a terra (Lucas 22:42-44).

Naquela noite, Jesus foi capturado pelos soldados e levado de um lugar para outro para ser interrogado. Posteriormente, recebeu a sentença de morte no tribunal de Pilatos. Os soldados romanos colocaram espinhos na sua cabeça, cuspiram nele, e lhe deram um soco antes de o levarem para o local de execução (Mateus 27:28-31).

Seu corpo estava coberto de sangue. Ele foi escarnecido e açoitado durante toda a noite, e com este corpo ele subiu ao Gólgota carregando a cruz de madeira. Uma grande multidão o seguiu. Eles antes o receberam aos gritos de "Hosanna", mas agora eles se tornaram uma multidão gritando: "Crucifica-o!" O rosto de Jesus estava coberto de tanto sangue que ele estava irreconhecível. Toda a sua força estava extinta devido às dores provocadas a partir da tortura, e foi extremamente difícil para ele dar um passo a frente.

Depois de alcançar o Gólgota, Jesus foi crucificado para nos redimir de nossos pecados. Por nós, que estávamos sob a maldição da lei que diz que o salário do pecado é a morte (Romanos 6:23),

Ele foi pendurado em uma cruz de madeira e derramou todo o seu sangue. Ele perdoou nossos pecados que cometemos com os nossos pensamentos, usando os espinhos na cabeça. Ele foi pregado pelas mãos e pés, para nos perdoar dos nossos pecados que cometemos com as nossas mãos e pés.

As pessoas tolas que não sabiam desse fato escarneceram e zombaram de Jesus, que estava pendurado na cruz (Lucas 23:35-37). Mas, mesmo na dor agonizante, Jesus orou para o perdão daqueles que o estavam crucificando como registrado em Lucas 23:34, "Pai, perdoa-lhes, porque não sabem o que estão fazendo."
A crucificação é um dos mais cruéis de todos os métodos de execução. O condenado tem de sofrer a dor por um tempo relativamente longo do que outras punições. As mãos e os pés são pregados no meio, e a carne se rasga. Existe uma grave desidratação e transtorno na circulação sanguínea. Isto provoca deterioração lenta nas funções dos órgãos internos. O que está sendo executado também tem que sofrer as dores provenientes dos insetos que vêm a eles ao sentir o cheiro do sangue.

O que você acha que Jesus pensou enquanto estava na cruz? Não era na dor agonizante de seu corpo. Mas ao invés disso ele estava pensando no motivo pelo qual Deus criou o homem, o significado em cultivar os homens nesta terra, é a razão pela qual ele teve que sacrificar a si mesmo como a propiciação pelo pecado do homem, ele ofereceu orações de agradecimento e deu graças.
Depois que Jesus sofreu as dores durante seis horas na cruz, Ele disse: "Tenho sede" (Jó 19:28). Foi sede espiritual, que é a sede de ganhar as almas que estão indo a caminho da morte. Pensando nas

inúmeras almas que viverão nesta terra no futuro, Ele estava nos pedindo para entregar a mensagem da cruz e salvar as almas.

Jesus finalmente disse: "Está consumado" (João 19:30) e, em seguida, deu seu último suspiro depois de dizer "Pai, nas tuas mãos entrego o meu espírito" (Lucas 23:46). Ele entregou seu espírito nas mãos de Deus, pois ele tinha terminado seu dever de abrir o caminho da salvação para toda a humanidade, tornando-se a si mesmo a propiciação. Foi o momento em que o ato de maior amor foi cumprido.

Desde então, a parede do pecado, que estava entre nós e Deus foi demolida, e somos capazes de nos comunicar com Deus diretamente. Antes, o sumo sacerdote tinha de oferecer o sacrifício para a remissão dos pecados, em nome do povo, mas não é assim mais. Qualquer pessoa que crê em Jesus Cristo pode vir para o santuário sagrado de Deus e adorar a Deus diretamente.

Jesus prepara as moradas celestiais com o seu amor

Antes que ele tomasse a cruz, Jesus disse aos discípulos sobre as coisas que virão. Ele disse-lhes que teria que tomar a cruz para cumprir a providência de Deus Pai, mas os discípulos ainda estavam preocupados. Então ele lhes explicou sobre as moradas celestiais para confortá-los.

João 14:1-3 diz: "Não se turbe o vosso coração; credes em Deus, crede também em mim. Na casa de meu Pai há muitas moradas; se não fosse assim, eu vo-lo teria dito. Vou preparar-vos lugar. E quando eu for, e vos preparar lugar, virei outra vez, e vos levarei para mim mesmo, para que onde eu estiver estejais vós também. de fato, ele venceu a morte e ressuscitou e ascendeu ao céu em vista de muitas pessoas. Foi para que pudesse preparar as moradas celestiais para nós. Agora, o que ele quis dizer com vou preparar-vos lugar"? 1 João 2:2 diz: "...e Ele é a propiciação pelos nossos pecados, e não somente pelos nossos, mas também pelos de todo o mundo." Como dito, isso significa que qualquer pessoa pode possuir o céu com fé, porque Jesus demoliu o muro do pecado entre Deus e nós.

Além disso, Jesus disse: "Na casa de meu Pai há muitas moradas", e isso nos diz que ele quer que todos recebam a salvação. Ele não disse que há muitas moradas na 'céu', mas 'Na casa de meu Pai', porque podemos chamar Deus 'Abba, Pai', através do trabalho do precioso sangue de Jesus.

O Senhor ainda está intercedendo por nós sem cessar. Ele ora fervorosamente diante do trono de Deus, sem comer ou beber (Mateus 26:29). Ele ora para que possamos conquistar a vitória no cultivo humano nesta terra e revelar a glória de Deus, fazendo nossas almas prosperas.

Além disso, quando o Grande Julgamento do Trono Branco ocorrer após o cultivo humano acabar, ele ainda irá trabalhar por nós. Na corte do julgamento todos serão julgados, sem o menor erro, por tudo que cada um fez. Mas o Senhor será o defensor dos filhos de Deus e suplicara, dizendo: "Eu lavei os seus pecados com o meu sangue", para que eles possam receber a melhor morada e recompensas no céu. Porque ele veio a esta terra e experimentou em primeira mão tudo o que os homens passavam, falará aos homens agindo como um defensor. Como podemos entender esse amor de Cristo plenamente? Deus deixou-nos conhecer seu amor por nós através de seu filho unigênito Jesus Cristo. Este amor é o amor com que Jesus nem sequer poupou derramamento de sua última gota de sangue por nós. É o amor incondicional e imutável com que ele iria perdoar setenta vezes sete. Quem poderá nos separar desse amor?

Em Romanos 8:38-39, o apóstolo Paulo proclama: "Porque estou certo de que, nem a morte, nem a vida, nem os anjos, nem os principados, nem as potestades, nem o presente, nem o porvir, Nem a altura, nem a profundidade, nem alguma outra criatura nos poderá separar do amor de Deus, que está em Cristo Jesus nosso Senhor."

O apóstolo Paulo reconheceu esse amor de Deus e o amor de Cristo, ele deu completamente a sua própria vida para obedecer à vontade de Deus e viver como um apóstolo. Além disso, não poupou a sua vida para evangelizar os gentios. Ele praticou o amor de Deus que levou inúmeras almas para o caminho da salvação.

Mesmo que ele tenha sido chamado de "o líder da seita dos Nazarenos", Paulo dedicou toda a sua vida como um pregador. Ele espalhou para todo o mundo o amor de Deus e o amor do Senhor, que é mais amplo e profundo do que qualquer medida. Eu oro em nome do Senhor, para que você se torne verdadeiro filho de Deus que cumpre a lei de amor para sempre habitar na mais bela morada celestial Nova Jerusalém, compartilhando o amor de Deus e o amor do Cristo juntos.

O Autor:
Dr. Jaerock Lee

Dr. Jaerock Lee nasceu em Muan, província Jeonnam, República da Coreia, em 1943. Enquanto que em seus vinte anos, Dr. Lee sofria de uma variedade de doenças incuráveis por sete anos e esperava a morte com nenhuma esperança de recuperação. No entanto, um dia, na primavera de 1974, ele foi levado a uma igreja por sua irmã e quando ele se ajoelhou para orar, o Deus vivo imediatamente o curou de todas as suas doenças.

A partir do momento que ele conheceu o Deus vivo através dessa experiência maravilhosa, Dr. Lee tem amado a Deus com todo o coração e sinceridade, e em 1978 ele foi chamado para ser um servo de Deus. Ele orou fervorosamente com inúmeras orações de jejum para que ele pudesse entender claramente a vontade de Deus, totalmente realizado a obedecer à Palavra de Deus. Em 1982, ele fundou Manmin Igreja Central em Seul, Coréia, e inúmeras obras de Deus, incluindo curas milagrosas, sinais e maravilhas, foram ocorrendo em sua igreja desde então.

Em 1986, o Dr. Lee foi ordenado pastor na Assembleia Anual de Jesus da Igreja Sungkyul da Coreia, e quatro anos mais tarde, em 1990, seus sermões começaram a ser transmitido na Austrália, Rússia e Filipinas. Dentro de um curto espaço de tempo muito mais países foram sendo alcançados através da Companhia Far East Broadcasting, a estação de transmissão da Ásia e do sistema de rádio cristã Washington.

Três anos depois, em 1993, Igreja Central Manmin foi selecionada como uma das "50 melhores Igrejas do mundo" pela revista Cristã Mundial (EUA) e recebeu um honorário doutorado de divindade da Christian Faith College, Florida, EUA, e em 1996 ele recebeu seu Ph. D. em Ministério da Kingsway Theological Seminary, Iowa, EUA.

Desde 1993, o Dr. Lee tem liderado a evangelização do mundo através de muitas cruzadas no exterior, na Tanzânia, Argentina, Los Angeles, Baltimore, Havaí e Nova York nos EUA, Uganda, Japão, Paquistão, Quênia, Filipinas, Honduras, Índia, Rússia, Alemanha, Peru, República Democrática do Congo, Israel e Estônia.

Em 2002, ele foi reconhecido como um "reavivalista mundial" por seus ministérios poderosos em várias cruzadas no exterior, pelos principais jornais cristãos na Coréia. Em particular, foi a sua "cruzada em Nova York 2006", realizada no Madison Square Garden, a mais famosa arena do mundo. O evento foi transmitido para 220 países, e em 'Israel United Crusade 2009', realizado no Centro Internacional de Convenções (ICC), em Jerusalém, ele corajosamente proclamou que Jesus Cristo é o Messias e o Salvador.

Seus sermões são transmitidos para 176 países via satélites, incluindo TV GCN e ele foi listado como um dos "Top 10 mais influentes líderes cristãos" de 2009 e 2010 pela popular revista cristã Russa In Victory e a agência de notícias Christian Telegraph por seu poderoso ministério pastorado de transmissão de TV no exterior.

Desde julho de 2013, Igreja Central Manmin tem uma congregação com mais de 120.000 membros. Existem 10.000 igrejas filiais em todo o mundo, incluindo 56 igrejas filiais nacionais, e mais de 125 missionários foram comissionados para 23 países, incluindo os Estados Unidos, Rússia, Alemanha, Canadá, Japão, China, França, Índia, Quênia, e muitos mais.

A partir da data desta publicação, o Dr. Lee já escreveu 87 livros, incluindo best-sellers Provando a Vida Eterna antes da Morte, Minha Vida Minha Fé I e II, A Mensagem da Cruz, A Medida da Fé, Paraíso I e II, O Inferno, Desperte Israel!, e O Poder de Deus. Suas obras foram traduzidas para mais de 75 idiomas.

Suas colunas cristãs aparecem em The Hankook Ilbo, The JoongAng Daily, The Chosun Ilbo, The Dong-A Ilbo, The Munhwa Ilbo, The Seul Shinmun, The Kyunghyang Shinmun, The Korea Economic Daily, The Korea Herald, The Shisa News, e The Christian Press.

Dr. Lee é atualmente líder de muitas organizações missionárias e associações. Posições que incluem: Presidente, The United Holiness Church of Jesus Christ, Presidente, Manmin World Mission; Presidente permanente, The World Christianity Revival Mission Association; Fundador e Presidente do Conselho, Global Christian Network (GCN); Fundador e Presidente do Conselho, World Christian Doctors Network (WCDN); e Fundador e Presidente do Conselho, Manmin International Seminary (MIS).

Outras obras poderosas do autor

Céu I & II

Um esboço detalhado dos ambientes maravilhosos que os cidadãos do céu desfrutam e a linda descrição dos diferentes níveis dos reinos dos céus.

A Mensagem da Cruz

Uma poderosa mensagem para despertar todas as pessoas que estão dormindo espiritualmente. Nesse livro podemos ver porque Jesus é o único Salvador e encontrar o verdadeiro amor de Deus.

Inferno

Uma mensagem profunda de Deus, que não deseja que nem uma alma sequer vá para as proofundezas do inferno, a toda a humanidade! Você descobrirá coisas nunca antes reveladas sobre a cruel realidade do Ades e do Inferno.

Espírito, Alma e Corpo I & II

Um manual que nos dá entendimento espiritual do espírito, alma e corpo e nos ajuda e identificar o tipo de 'eu' que criamos para que possamos obter força para derrotar as trevas e nos tornarmos pessoas espirituais.

A Medida da Fé

Que tipo de lar celestial, coroa e recompensa estão preparados para você no céu? Esse livro fornece, com sabedoria, meios para você medir sua fé e cultivá-la de modo a torná-la melhor e mais madura.

Desperta Israel

Por que Deus tem mantido Seus olhos sobre Israel desde o princípio do mundo até hoje? Que providência Sua tem sido preparada para Israel nos últimos dias, que espera pelo Messias?

Minha Fé Minha Vida I & II

A autobiografia do Dr. Jaerock Lee exala o mais fragrante aroma espiritual para seus leitores através de sua vida extraída do amor de Deus florescido em meio a ondas fortes, um jugo pesado, e profundo desespero.

Sete Igrejas

As profundas mensagens do Senhor despertando os crentes e igrejas de seu sono espiritual, enviadas às sete igrejas de Apocalipse capítulos 2 e 3, que se referem a todas as igrejas do Senhor.

www.urimbooks.com

www.ingramcontent.com/pod-product-compliance
Lightning Source LLC
LaVergne TN
LVHW010204070526
838199LV00062B/4491